Gerber Charlotte

Dimitri,
CLOWN

Herausgegeben von Patrick Ferla

WERNER CLASSEN VERLAG ZÜRICH

Die meisten Fotos in diesem Buch sind von Jean-Claude Curchod.
Zusätzliche Bilder verdanken wir Christian Altorfer, Filo Filipelli, Gerd Baatz, Krenger Pressebüro Circus Knie, Photopress AG, Erika Rabau, A. Wolfensberger Studio Dickloo, Michael Wolgensinger, Robert Zumbrunn Eclipse Lifefotografie, Karl Kunzler, Bild und News, K.S. Photo.
Die farbige Umschlagfoto ist von Jean-Claude Curchod. Die Übertragung der französischen Texte besorgte Jürgen Graf.

© 1979 by Pierre-Marcel Favre, Lausanne
© 1980 für die deutsche Ausgabe
by Werner Classen Verlag Zürich
Printed in Switzerland by Druckerei Baumann AG Menziken
ISBN 3 7172 0295 2

Die Elfe:

*Über Täler und Höhn,
Durch Dornen und Steine,
Über Gräben und Zäune,
Durch Flammen und Seen
Husch ich, schlüpf ich überall
Schneller als des Mondes Ball.
Ich dien der Elfenkönigin
Und tau ihr Ring' aufs Grüne hin.
Die Primeln sind ihr Hofgeleit;
Ihr seht die Fleck' am goldnen Kleid:
Das sind Rubinen, Feengaben,
Wodurch sie süß mit Düften laben.
Nun such ich Tropfen Taus hervor,
und häng 'ne Perl in jeder Primel Ohr.
Leb wohl! Ich geh, du täppischer Geselle!
Der Zug der Königin kommt auf der Stelle.*

Shakespeare
«Ein Sommernachtstraum»

Die Texte in diesem Buch – Dialoge, Gespräche, Meditationen, Entwürfe – sind die Frucht eines gemeinsam erlebten Abenteuers. Fünf Tage lang haben wir zusammen mit Dimitri und dem Fotografen Jean-Claude Curchod unsere Uhren auf die Zeit einer anderen Welt gestellt – auf die Zeit der Casa Cadanza. Fern vom Lärm der Großstadt, zwischen Hügeln und Tautropfen, lebt dort – wenn er sich nicht gerade irgendwo auf Tournee befindet – jener kleine Clown, der das Bewußtsein des heutigen Menschen widerspiegelt. Ein Narr unserer Zeit, dem wir einmal bis zum Schluß zuhören wollten. Was er uns zu berichten wußte, hat in diesem Buch seinen Widerhall gefunden. Und weil aufmerksames Zuhören bereits der erste Schritt zur Liebe ist, mag uns die Phantasie bei der Niederschrift ab und zu einen Streich gespielt haben.

P. F.

Ich weiß nichts von meiner Geburt. Ich habe keine genauen Erinnerungen mehr an meine früheste Kindheit. Dies überrascht mich nicht allzusehr, auch wenn es mir zuweilen so vorkommt, als gelänge es mir, mit dem Zipfel meiner Jacke zugleich ein Stück meiner selbst zu erhaschen. Ich kam daheim zur Welt, was heutzutage eher ungewöhnlich ist. Meine Eltern hatten eine Hebamme ins Haus geholt, und es war Sonntag. Der Italiener pflegt zu sagen: *è nato colla camicia,* er ist im Hemd geboren...

Ich erblickte das Licht der Welt in einem Haus im Zentrum des Tessiner Dorfes Ascona, nicht allzu weit vom See und einem Schloß entfernt, in dem sich heute ein Hotel befindet, und auch nicht allzu weit von meinem ersten Theater.

Vom Haus, in dem ich aufwuchs, ist mir die Erinnerung an einige Gerüche geblieben – etwa jene, die von einer Küche zur anderen drangen –, an einige Geräusche und die allgemeine Stimmung. Die Lebensweise der Familien, die dort wohnten, war echt tessinerisch, südländisch: Die Leute schwatzten und

lärmten viel. Und genau wie in Italien hängten die Hausfrauen ihre Wäsche zum Trocknen vor die Fenster und zwischen die Terrassen. Gerade über die kleine gepflasterte Straße.

Bei uns gingen ständig Freunde aus und ein: Künstler, Kollegen meines Vaters, Maler, Bildhauer, Schriftsteller und auch Astrologen.

Ich habe vorhin das Theater erwähnt, und ihr habt sicher begriffen, daß es sich da nicht um einen Zufall handelte. Ich habe auch vom See gesprochen, und er erinnert mich an ein außergewöhnliches Abenteuer, das in jene Zeit fiel, als ich meine ersten Gehversuche unternahm. Ohne genau zu wissen wie, hatte ich es eines Tages fertiggebracht, bis zum Hafen zu gelangen. Dies jagte meinen Eltern einen mächtigen Schrecken ein und hielt sie während der folgenden Zeit in ständiger Unruhe, während ich nur von einem träumte: ein kleines Boot zu besteigen. An jenem Tag machte mir ein Mann, den ich nicht kannte, die Erfüllung dieses verbotenen Traums möglich und nahm mich an Bord seines Bootes. Während wir die Fahrt auf dem See genossen, suchten meine Eltern verzweifelt überall nach mir, denn sie glaubten, ich sei ins Wasser gefallen und ertrunken.

An meine Mutter Maya erinnere ich mich von früher Kindheit an. Sie hatte ein feines, ovales Gesicht, ein schönes, frauliches Gesicht. Ihre Gestalt war etwas rundlich. Manchmal neckte man sie, weil sie nicht sportlich war. In der Tat vollbrachte sie auf diesem Gebiet keine besonderen Leistungen, wohl aber auf vielen anderen. Ihre Vorliebe galt der Kunst, schönen Stoffen, Geschichten und geistigen Fragen; was sie nicht mochte, war Radfahren, Schwimmen, Bootsfahrten oder Bergsteigen.

Mein Vater, Werner Jakob Müller, war von Natur schweigsamer und lebte stärker in seiner eigenen Welt: einem Maler- und Bildhauer-Atelier. Glücklicherweise hatte er ein Architekturstudium absolviert, was ihm die Möglichkeit bot, von Zeit zu Zeit ein Haus zu entwerfen. So besserte er sein Einkommen auf und konnte die Familie ernähren.

Mein Vater war auch ein weitgereister Mann. Er hatte einige Jahre lang in Paris gearbeitet, ehe er sich, wie damals viele Künstler, in Ascona niederließ. Dies hinderte ihn indessen nicht daran, zahlreiche Reisen in fremde Länder zu unternehmen. Er fuhr häufig nach Griechenland, das er sehr liebte und wo er einen Freund namens Dimitri besaß. An ihn hat mein Vater sicher gedacht, als er mir den Vornamen Dimitri gab. Zudem war mein Großvater mütterlicherseits Russe gewesen...

Mein Vater kehrte einen Tag vor meiner Geburt aus Griechenland zurück. Kaum war ich zur Welt gekommen, lief er zum Gemeindehaus und gab meine Geburt bekannt. Dort unterlief dem Beamten ein kleiner Fehler: Als Schlußbuchstaben des Namens Dimitri setzte er statt ein i ein y, und dieser Buchstabe folgt mir seither überall, in meinem Beruf, in meinem Paß. Aber das ist nicht so schlimm. Man konnte ja von dem Beamten, der meinen Vater empfangen hatte, nicht verlangen, daß er die Schreibweise dieses ausgefallenen Namens kannte.

 Eines Tages fiel mir in der Wiege ein Paket auf die Nase – und das ist der Grund dafür, daß sie so krumm ist. Mit Hilfe meiner Mutter öffnete ich das kleine, aber recht schwere Paket. Es enthielt viel Papier und zuunterst eine *Portion Komik*. Dies war ein Geschenk der Feen. Seit jenem Tage glaube ich so fest an ihre Existenz, wie ich an ein früheres und ein späteres Leben glaube, wie ich an den Einfluß der positiven und negativen Kräfte glaube, die uns umgeben. Ich hege größte Hochachtung für jene Völker – und es gibt noch heute einige wenige – die ihre Gegenwart erkennen.

Bei uns wird dies alles in die Rubrik «Märchen» eingereiht, und man neigt dazu, sie etwas zu bespötteln. Es gibt sogar Leute, die meinen, man solle die Kinder mit solchen Erzählungen verschonen, denn sie seien nicht mehr «zeitgemäß».

Auf eine Art und Weise stimmt dies sogar: Man kann sich in der Tat nur schwer eine Fee im Verkehrsgewimmel einer Stadt vorstellen, inmitten von Abgasen, Luftverschmutzung, Unsicherheit und Gewalt. Aber vielleicht gibt es trotz allem eine neuzeitliche Art von Feen, die den Gang der Welt aufrechterhalten...

Was beunruhigend wirkt, ist, daß der Mensch unseres Jahrhunderts die Fähigkeit verloren hat, sich gegenüber der Welt zu öffnen, daß er immer weniger für das Imaginäre, für Poesie, Sprache und Zufall empfänglich ist. Denn der Zufall existiert: Man kann es auch eine Art Schicksal nennen. Man trifft nicht diese oder jene Person um diese oder jene Zeit, an diesem oder jenem Ort, ohne daß dies eine ganz bestimmte Bedeutung hat. Um sich davon zu überzeugen, reicht es, die Ereignisse seines eigenen Lebens zu studieren. Die Zigeuner besitzen diese Fähigkeit noch: Wenn ein Rabe an ihnen vorbeifliegt und dreimal krächzt, so wissen sie, daß er sie vor etwas warnen möchte.

Als ich ein kleiner Junge war, erzählte meine Mutter mir und meiner Schwester Ninon Märchen aus allen möglichen Ländern. Sie empfand eine starke Faszination dafür, und auf mich hat dies einen wesentlichen Einfluß ausgeübt. Wir hörten ihr Abend für Abend zu, wie sie uns Geschichten erzählte, und zwar in der Form, in der sie sie selbst vernommen oder gelesen hatte, ohne den Schluß je zu ändern. Ich weise ausdrücklich darauf hin, da ich weiß, daß viele Eltern dazu neigen, den Inhalt des

Märchens zu «korrigieren», wenn er ihnen zu grausam vorkommt. Dies ist ein schwerer Fehler, denn all diese Geschichten besitzen eine geistige Kraft, von der heute viele kaum mehr etwas ahnen. Es sind sehr alte Legenden, voll von Symbolen. So tritt die Gestalt der Prinzessin in vielen Märchen auf.

Heute lacht man darüber und meint: «Was gehen uns denn Prinzessinnen an?» Diese Figur besitzt jedoch eine tiefe und vielschichtige Bedeutung: Sie

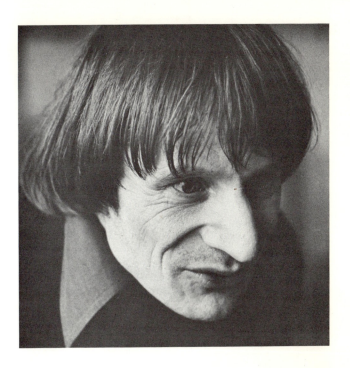

symbolisiert nicht nur Macht oder Reichtum, sondern auch Kultur, Schönheit und Reinheit.

Märchen stellen für den Menschen, vor allem natürlich für das Kind, eine geistige Nahrung außergewöhnlicher Art dar. Ich glaube, es ist schwer, ihre Weisheit und ihren Gerechtigkeitssinn voll zu ermessen.

Eine Märchenfigur gibt es, die mich stets sehr beeindruckt hat, Ivan der Dummkopf, dem die unglaublichsten Dinge zustoßen und der aus jeder Situation als Sieger hervorgeht. Weil er von einfachem Gemüt, rein, aufrichtig und gut ist. Es ist faszinierend, daß Chaplin als Charlie im Grunde genommen denselben Typ verkörpert und daß der Clown beiden sehr nahesteht.

Viele Märchen gingen mir auf Grund ihres dramatischen Charakters sehr nahe. In einem kam beispielsweise ein Teufel vor, der sich, wenn er in Wut geriet, den Bart ausriß. Ich habe mir diesen Teufel oft vorgestellt und ihn sogar nachgeahmt; ich entwickelte ein ganzes Schauspiel daraus, ich *spielte* den Teufel, wobei ich eine gar grimmige Miene aufsetzen mußte, und meine kleine Schwester und meine Eltern amüsierten sich dabei köstlich.

Etwas später las uns Mutter die Erzählungen Andersens vor. Es gibt eine wundervolle Geschichte darunter, «Die kleine Meerjungfrau», eine traurige Geschichte von der Liebe zwischen einer Nixe und einem Prinz, einer unmöglichen Liebe. Jedesmal, wenn wir diese Erzählung hörten, weinten wir heiße Tränen – aber wir wollten sie trotzdem wieder und wieder hören.

Ich komme nochmals darauf zu sprechen: Es gibt Eltern, die beim Märchen erzählen «mogeln», weil sie nicht wollen, daß ihre Kinder weinen. Aber gerade hierin liegt das Außergewöhnliche: Weinen oder lachen, gerührt und erregt zu sein, ist ein unerläßlicher Teil des Lebens – wie der Traum. Es sind Gefühle und Stimmungen, die jedes menschliche Wesen erleben muß.

Mama ist Anthroposophin. Sie besitzt ein tiefes Wissen über das Wesen des Menschen, über das Leben, die Erziehung und die geistige Welt. Ich habe sie als stets beschäftigte Frau in Erinnerung, die ständig arbeitete oder Geschichten erzählte. Dies hat in meiner Kindheit eine wesentliche Rolle gespielt. Noch heute erfindet sie Gestalten, indem sie jener Beschäftigung nachgeht, die ich «Skulpturen aus Stoff machen» nenne – gewiß ein märchenhaft anmutender Zug.

Zu einer gewissen Zeit flocht sie Körbe aus selber gefärbtem Bast, was sehr viel Geschick erfordert.

Die Körbe verkaufte sie anschließend, denn wir hatten nicht viel Geld. Meinem Vater, der sowohl als Maler als auch als Bildhauer sehr begabt war, fehlte es an Arbeit.

All diese Dinge und noch viele andere mehr machen eine Kindheit aus, und ich denke oft an sie zurück: Schließlich bildeten sie, zusammen mit einigen Abenteuern und Geschichten, die Welt, in der ich damals lebte.

Eines Tages erbte mein Vater eine kleinere Summe Geld, mit der er sogleich ein Haus am Rande Asconas erwarb. Es ist dies das *rosarote Haus* – so nenne ich es wegen seiner Farbe – ein Haus, in dem ich während meiner Kindheit und Jugendzeit lebte; es war das Werk eines holländischen Malers, van Rees, den mein Vater gut kannte. Für die damalige Zeit war das rosarote Haus sehr modern. Es befand sich wenige Meter von einem Theater (!) entfernt, dem Teatro San Materno. Als wir dort einzogen, glaubten meine Schulkameraden, wir seien reich. Darin irrten sie sich allerdings gründlich. «Du hast ein sehr modernes Haus», sagten sie, und ich mußte ihnen eine Erklärung schuldig bleiben. Übrigens wußten meine Schwester und ich als Kinder gar nicht, daß unsere Familie arm war; wir hatten niemals Not gelitten, denn meiner Mutter gelang es stets, etwas Gutes auf den Tisch zu bringen. Gewiß, wir erhielten gebrauchte Schuhe, und ich trug oft geschenkte Kleider, doch das machte mir nichts aus. Sehr zuwider war mir hingegen das Haareschneiden. Ich trug lange Haare – soweit ich weiß als einziger Junge der ganzen Gegend. Deshalb machte man sich über mich lustig, was mir sehr zu schaffen machte.

Und dann waren wir auch keine Tessiner. Mein Vater stammt aus Winterthur, meine Mutter aus Bern. So sprachen wir zuhause Schweizerdeutsch, also eine fremde Sprache. In der Schule ließ man mich dies sofort spüren. Es kam zu dramatischen Szenen. Ich fühlte, wie sich bei meinen Kameraden eine unterschwellige Fremdenfeindlichkeit entwickelte, die wahrscheinlich von ihren Eltern geschürt wurde. Zeitweise kam es mir vor, als sei fast das ganze Dorf gegen mich. Zuletzt wurde die Lage unerträglich: Wenn meine Schwester und ich auf unseren Fahrrädern heimfuhren, lauerten uns die Jungen auf und bewarfen uns mit Steinen. Einmal fand sich aber ein Knabe, der sich auf unsere Seite stellte. Ich sehe ihn heute noch vor mir, wie er von seinem Fahrrad abstieg und an die Übeltäter herantrat. Es kam zu einer kurzen Keilerei, und darauf machte er ihnen klar, daß wir genau so seien wie andere Kinder. Ihr könnt euch kaum vorstellen, wie glücklich ich an jenem Tage darüber war, daß jemand den Mut aufbrachte, unser Recht auf unsere Eigenart zu verteidigen.

Das rosarote Haus war von einem Garten und einem Wäldchen umgeben. Es war wie ein Traum. Der Keller und der Estrich bildeten für uns das Paradies. Zutritt zu diesem Paradies verschaffte uns eine kleine, sehr steile Leiter. Sobald die Türe halbwegs geöffnet war, fiel der entzückte Blick auf eine Welt von Stoffen der verschiedensten Farben. Darunter waren auch jene, die meine Mutter für ihre Skulpturen verwendete. Da es sich bereits herumgesprochen hatte, schickten ihr viele Leute Stoffresten.

Dieser Estrich barg überraschende Schätze, die uns Kindern unwirklich und märchenhaft vorkamen. Wir fanden dort sogar alte Kostüme, Stickereien mit oder ohne Flitter. All dies bot uns unerschöpfliche Möglichkeiten zum Spielen.

Ich zog mich oft an diesen fast magisch wirkenden Ort zurück und dachte an *meine Dinge*. Ich war ein großer Träumer, und meine Mutter sagte mir häufig, daß ich auf unseren Spaziergängen ständig zurückblieb, da ich mit meinen Gedanken irgendwo in den Wolken schwebte. Eine Frau, die mich damals gut kannte und mich auf ihren Armen zu wiegen pflegte, als ich noch ganz klein war, hat mir unlängst gestanden, daß ich sie als Kind sehr beeindruckt habe. «Denn», so erklärte sie mir, «ich fühlte, daß du im Leben einen sehr persönlichen Beruf ergreifen würdest.»

Ich kann mir sehr gut vorstellen, was sie meinte: Manchmal trifft man Kinder an, die einen besonderen Gesichtsausdruck oder eine auffallende Haltung aufweisen, ohne daß man genau sagen kann, worin denn diese Besonderheit besteht. Es ist wie eine Kraft, ein Wille. Die betreffende Frau wußte damals

nicht, daß ich Clown werden würde. Ich selbst wußte es von meinem siebten Lebensjahr an.

Man lacht oft über Kinder. Sie erregen unsere Heiterkeit, da sie drollig und unschuldig sind, und sie bemerken dies auch sehr rasch. Und weil sie damit Erfolg haben, versuchen sie oft, es auszunutzen. Ich war da keine Ausnahme, besonders in der Schule, gegenüber Kameraden, Lehrern und anderen, ebenso auf der Straße. Meine hauptsächliche Sorge bestand von früh bis spät darin, wie ich andere zum Lachen bringen und neue Späße ersinnen konnte. Für mich war die Schule unwichtig. Was zählte, war das Spielen mit den Kameraden, waren gute Leistungen im Turnen.

Gewisse Fächer gefielen mir besonders: Musik, Singen und Zeichnen, die allerdings ein sehr stiefmütterliches Dasein fristeten. Dazu kam noch Geschichte, aber da ich siebenmal die Schule gewechselt habe, weisen meine historischen Kenntnisse gähnende Lücken auf...

Der Grund für diesen häufigen Schulwechsel lag darin, daß meine Eltern eine ideale Schule für den kleinen zweisprachigen, etwas bizarren und, so glaube ich, anspruchsvollen Jungen suchten, der ich war. Eine Zeit lang ging ich ins Collegio Papio, eine Dominikanerschule in einem Kloster, das sich einer großen katholischen Tradition rühmen konnte und wo die Sitten sehr streng waren. Die katholische Welt übte eine starke Faszination auf mich aus. Ich ging zur Kirche, ich bekreuzigte mich; die Messe, die Gesänge und die aus Einsiedeln stammenden, ganz in Schwarz gekleideten Dominikanermönche – all dies wirkte würdevoll und eindrücklich... Aber der Unterricht sagte mir gar nicht zu. Er war für meine Begriffe zu intellektuell. Deshalb blieb ich nicht lange dort.

Jedes Jahr gingen wir in den Zirkus. Jeweils im November gaben die Gebrüder Knie in Locarno ein Gastspiel. Zum ersten Mal in meinem Leben sah ich dort Clowns. Am meisten beeindruckte mich einer, der Andreff hieß. Es war ein sehr großer Clown.

Knie sagte sogar, er gehöre zu den Meistern seines Faches. Andreff lebt heute nicht mehr. Er starb arm und vergessen in seinem Wohnwagen in Zürich. Als ich Andreff in der Manege sah, dachte ich mir, Clown zu sein wäre doch ein Beruf für mich. Ich fragte mich, wie ich es wohl anstellen müsse, um einer zu werden. Gewiß: Ich gab daheim manch drollige Nummer zum besten, wie es alle Kinder tun, die ohne es zu wissen, vom Zirkus beeinflußt sind. Aber bei mir war dieser Drang offenbar etwas stärker als bei den anderen, denn sonst wäre ich ja nicht Clown geworden.

Was mir an Andreff imponierte, war die leichte und unaufdringliche Art, wie er geschminkt war, sein für die damalige Zeit sehr modernes Kostüm und die Sparsamkeit seiner Gesten: Einige wenige

Gebärden reichten aus, um das Publikum zu wahren Lachsalven hinzureißen. An jenem Tag wurde mir bewußt, daß es ein Beruf sein konnte, andere zum Lachen zu bringen, und diese Vorstellung erregte mich außerordentlich – und erregt mich heute noch. Dies ist möglicherweise der Grund dafür, daß ich mir hartnäckig einbilde, im früheren Leben zu einer Gruppe von fahrenden Komödianten gehört zu haben – oder natürlich Seiltänzer oder Clown gewesen zu sein. Aber in jenen Zeiten war unser Beruf noch nicht gesellschaftsfähig gewesen. Heute sind wir die Könige, wir werden von den Staatsoberhäuptern empfangen...

Wenn man als Knabe endlich abends in den Zirkus darf, sind es seltsamerweise die Erwachsenen, die dem Anlaß durch ihre bloße Anwesenheit ein besonderes Gepräge verleihen. Als ganz kleines Kind achtet man gar nicht auf sie; man ist allzu hingerissen von den Nummern, die Schlag auf Schlag einander folgen, und nimmt es als selbstverständlich hin, daß man auf den Zuschauerrängen fast nur Kinder sieht. Von einem gewissen Alter an sagt man sich jedoch: «Schau, die Kinder gehen am Nachmittag in den Zirkus und die Großen am Abend», und das findet man viel verlockender. Abends strahlt das Licht der Scheinwerfer, die jeder Bewegung der Artisten folgen, weitaus heller als tagsüber, was den Reiz des Schauspiels noch vermehrt. Außerdem – sagen wir es offen – geben sich die Artisten abends wesentlich konzentrierter. Ich kann dies aus eigener Erfahrung versichern. Gewiß, sie absolvieren ihr Programm auch am Tage einwandfrei, und es würde keinem einfallen, sich gehen zu lassen und zu pfuschen, aber im allgemeinen macht man bei der Nachmittagsvorstellung einige Kürzungen. (Dies ist übrigens ganz vernünftig, denn drei Stunden Zirkus sind für kleine Kinder reichlich viel.)

Mich bestärkte der Besuch einer Abendvorstellung in meinem Wunschtraum, eines Tages denselben Beruf zu ergreifen; ich genoß die Vorstellung wie ein Erwachsener, wie ein Profi oder sagen wir wie ein Kollege. Von allem, was ich im Zirkus gesehen habe, ist mir nur der Auftritt Andreffs und anderer Clowns in Erinnerung geblieben; ich denke da besonders an die Cavallini und den weißen Clown, der mir viel zu denken gab, denn ich fand nicht so richtig heraus, worin seine Funktion im Spiel bestand. Nach der Vorstellung kehrten wir nachhause zurück; draußen war es dunkel, was die Feierlichkeit des Abends noch erhöhte.

Ich erinnere mich an eine Vorstellung im Zirkus Knie. Ich pflegte nie zu klatschen. Mutter sagte, das sei aber nicht nett den Artisten gegenüber. Das stimmte schon, und es wurde mir erst jetzt bewußt, wie sehr ich von ihrem Auftritt gefesselt war, so daß ich ganz einfach vergessen hatte zu klatschen.

Einige Jahre später ging ich, wie es alle Kinder einmal tun, an den Rand der Manege und wagte mich dann in die Manege selbst. Ich wollte das Pferd besteigen, das keinen Reiter dulden wollte: Wenn man sich an seiner Mähne festklammerte, bäumte es sich so auf, daß der Reiter in hohem Bogen in das Sägemehl sauste. Von Zeit zu Zeit beteiligte ich mich selbst an diesem Spiel, doch im allgemeinen zog ich es vor zu beobachten, wie meine Kameraden oder Bekannte von mir ihr Glück versuchten. Einmal kam der Bus-Chauffeur an die Reihe. Ich sehe ihn noch heute vor mir, wie er sich der Manege nähert, sie betritt und versucht, das Pferd zu besteigen. Er ist etwas verlegen und verhält sich anders, als wenn er seinen Bus fährt; je mehr seine Freunde lachen, desto mehr verliert er an Selbstvertrauen. Die Szene ist sehr theatralisch und kommt mir äußerst bedeutsam vor, denn ich weiß, daß ich Clown werden möchte und eines Tages unweigerlich vor einem zahlreichen Publikum stehen werde.

 Wie viele Leute mußte auch ich meine anfängliche Schüchternheit überwinden. Als kleiner Junge beschloß ich, mich dem Publikum zu stellen, um so meine Angst und meine Komplexe loszuwerden. Ich mußte dazu wirklich all meinen Mut zusammennehmen und benutzte jede Gelegenheit, um diese Probe zu bestehen. In Ascona ist der Sommer die beste Jahreszeit für diese Art von Darbietungen. Auf den Straßen wimmelt es von Leuten, die Terrassen der Cafés sind überfüllt; aus fast allen Teilen der Welt strömen Touristen herbei, und man findet sehr rasch Spaß daran, ihre Sprechweise nachzuahmen.

Zunächst begnügte ich mich damit, die Leute anzuschauen. Wie würden sie es anstellen, um die Straße unter den neugierigen Blicken von Hunderten von Personen zu überqueren, die sich in der sommerlichen Hitze bei einem kühlen Trunk erfrischten? Wie würden sie gehen, in welchem Takt, in welchem Rhythmus? Im allgemeinen legt in dieser Lage jedermann ein Verhalten an den Tag, das den Umständen angepaßt ist. Der eine schlendert ganz normal einher, der andere setzt eine wichtige Miene auf oder gibt sich zerstreut.

Dann bist du an der Reihe. Du sagst dir, daß du jetzt an der betreffenden Stelle vorbeigehen mußt und du weißt, daß sich in diesem Augenblick aller Augen auf dich heften. Vielleicht befindet sich unter den Zuschauern ein neuer Dimitri, der jede deiner Bewegungen aufmerksam verfolgt.

Ich weiß aus Erfahrung, daß eine einfache Übung wie diese sich geradezu fabelhaft als Theaterstudie eignet. In Ascona habe ich auch andere Versuche angestellt. In diesem Ort, wo eine italienisch angehauchte Stimmung herrscht, eignete ich mir ein ganzes Arsenal von Gebärden und Ausdrucksweisen an. Ich erfuhr die Freude, die man empfindet, wenn man mit den Besuchern der Bistros zusammensitzt und sich Geschichten erzählt. Es gibt unter ihnen Leute, die aus den benachbarten Tälern kommen und ganz außergewöhnliche Erzähler sind, bessere sogar als mancher professionelle Schauspieler.

Einmal begegneten meine Eltern einem solchen Geschichtenerzähler. Er kam oft zu uns nachhause. Eines Tages verriet er mir, er kenne ein merkwürdiges Tier, das ganz in der Nähe im Wald hause. Er habe es einmal zu Gesicht bekommen, behauptete er, und er beschrieb es mir: Vorne habe es Pfoten, die Menschenhänden glichen wie die eines Affen, hinten aber Hufe wie eine Ziege. Auf dem Rücken trage es einen schildkrötenähnlichen Panzer, und sein Hals sei sehr lang. Der Kopf sehe aus wie der eines Dinosauriers, und der Schwanz sei behaart. Der Erzähler versicherte mir, daß auch ich das Ungetüm

erblicken würde, wenn ich oft genug in den Wald ginge.

Ich befolgte seinen Rat und entdeckte eines Tages, nicht ohne leise Furcht, ein Messer im Gras. Heute weiß ich, daß es höchstwahrscheinlich von diesem Freund meines Vaters zurückgelassen worden war, aber damals war ich überzeugt, dieses alte, bereits etwas rostige Messer sei von dem Untier absichtlich dorthingelegt worden. Tage verstrichen, Wochen, aber keine Spur von dem Scheusal. Wie zum Trotz formte meine Phantasie nun ein ganz anderes Tier: den Smank.

Der Smank hauste in einer Grotte, wo ich ihn täglich besuchte: Ich war der einzige, der dieses merkwürdige Wesen zu Gesicht bekam. Es kauerte in einem Loch, das einen Meter lang und ebenso breit war, der Boden war mit Wasser bedeckt, und Berge von Schmutz schreckten den Eindringling ab. Wenn

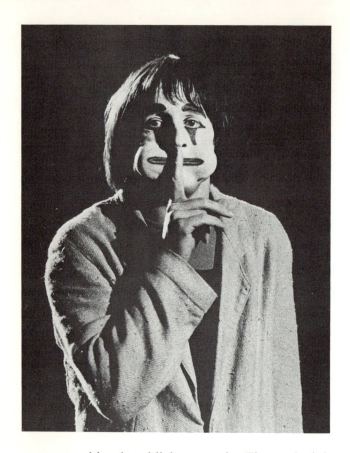

man genau hinsah, erblickte man das Tier nach einigen Minuten. Mit der Zeit nahm ich meine Eltern, meine Schwestern Ninon und Rosmarie sowie meine Kameraden mit in die Höhle, denn auch sie sollten den Smank entdecken. Nur meine Eltern glaubten an seine Existenz. Meine Kameraden gestanden mir enttäuscht, daß sie vergeblich in seinem Loch nach ihm Ausschau gehalten hätten.

Ich weiß genau, daß ich den Smank und das Geheimnis, das ihn umwob, erfunden hatte, weil die Geschichte von dem anderen Ungeheuer mir eine herbe Enttäuschung bereitet hatte. Allzulange hatte ich nach ihm gesucht, ohne es aufstöbern zu können. Die Erfindung des Smank war für mich Rache und Entschädigung zugleich. Andererseits haben mich die alten Märchen und die Geschichten von Tieren, die sprechen können, sowie von Pferden, die fliegen können, stets in ihren Bann gezogen – bis auf den heutigen Tag. Ich glaube, daß man es einst fertigbringen wird, mit der Welt dieser Fabelwesen in Verbindung zu treten, wie man es bereits vor einigen Jahren mit den Delphinen erreicht hat. Dies hatte zuvor als unmöglich gegolten, obschon viele alte Legenden davon berichten.

Ich habe nie aufgehört, Märchen zu lesen. Sie sind für mich stets gegenwärtig, und ich würde manche von ihnen sehr gerne auf die Bühne bringen. Man weiß, daß die Kindertheater dies schon oft versucht haben, aber ich persönlich würde größeres Gewicht auf den geistigen Inhalt legen und die Symbole, die jeden der Akteure kennzeichnen, viel stärker hervorheben, da sie mir besonders am Herzen liegen. Es betrübt mich immer wieder, daß die Kinder von heute oft gar nicht mehr wissen, was Märchen sind: An ihre Stelle sind Comics und Fernsehserien getreten. Manche davon sind übrigens sehr nett, aber sie sind kein vollwertiger Ersatz für Märchen.

 Vor dem Zirkus war meine erste Begegnung mit der Welt des Schauspiels das Marionettentheater. Ich hatte Glück: Neben meinem Geburtshaus befand sich ein Marionettentheater, das ein sehr begabter und auch unter den professionellen Marionettenspielern bekannter Mann, Jakob Flach, 25 Jahre lang betrieb. Er schrieb die Stücke oft selbst, manchmal inszenierte er auch Stücke von Tschechow und anderen. Ihn umgab eine Schar von außergewöhnlichen Künstlern (Komponisten, Musiker, Dichter, Tänzer, Bildhauer und Maler). Viele von ihnen waren Emigranten, die in den dreißiger

Jahren in die Schweiz geflüchtet waren und sich in Ascona niedergelassen hatten. Unvergeßlich als Sprecher war für mich der Architekt und Maler (Bauhaus) Carl Weidemeyer. Mein Vater gehörte auch zu diesem Kreise. Er schnitzte Marionetten aus Holz. Von meiner Kindheit an war ich also ein regelmäßiger Gast in diesem Theater, und ich war bei allen Schöpfungen zugegen. Die Marionette wurde für mich eine Art magischen Traums, den man *sehen* kann: Dieser Kopf aus Holz ohne beweglichen Gesichtsausdruck konnte, je nach Situation, weinen oder lachen, sprechen, tanzen; diese Puppenwelt, die man durch einen Ruck am Faden zum Leben erwecken und deren Bewegungen man durch seine eigene Stimme untermalen konnte, war für mich etwas Ungeheuerliches und Rätselhaftes. An manchen Abenden kam es in dem Theater zu merkwürdigen Ereignissen: Ich erinnere mich, daß der Faden einer Marionette sich einmal um das Bein einer Puppe wickelte, aber das Spiel nahm seinen Fortgang, als sei nichts geschehen, als plötzlich eine riesenhafte Hand auftauchte und den Faden entfernte. Diese Vision hat sich mir unauslöschlich eingeprägt.

Ebenso unvergeßlich sollte mir viel später, als ich 24 Jahre alt war, ein anderer Eindruck bleiben. Ich spielte damals bereits mein eigenes Soloprogramm und gab in einem kleinen Keller Vorstellungen; abwechselnd damit wirkte ich im Marionettentheater als Sprecher. Eine Türe trennte uns vom Publikum; in ihr fand sich ein kleines Loch, durch das ich die Leute im Saal beobachten konnte, ohne selbst gesehen zu werden. Ich entdeckte, wie sehr sie von dem Schauspiel gefesselt waren und wie atemlos sie mitfieberten, als diese kleinen, von dünnen Fäden bewegten Holzfiguren ihre Geschichte spielten. Manchmal erblickte ich auf den Zuschauerbänken Männer und Frauen, die ich gut kannte, doch kamen sie mir jetzt vollkommen verändert vor; es war,

als übe das Schauspiel auf sie eine befreiende Wirkung aus. Dies war für mich eine wahre Offenbarung, ein zusätzlicher Beweis dafür, wie unersetzlich das Theater ist, weil es die Leute auf unvergleichliche Weise in seinen Bann zieht.

Von den zahlreichen Gestalten, die Jakob Flach geschaffen hat, beeindruckte mich *Grappa* am meisten. Er spielte für mich dieselbe Rolle wie *Andreff* im Zirkus. Grappa war eine komische Figur, ein Harlekin, ein Kasperle, der viel Unfug trieb und ebenso lustige wie alberne Geschichten erzählte; er war eine stets leicht angeheiterte Gestalt, ein *Clown*.

Die Magie des Spiels entdeckte ich mit Hilfe meines Vaters schon sehr früh. Mein Vater ist ein großgewachsener, bärtiger Mann von eher ernstem und introvertiertem Charakter. Er besaß eine beträchtliche Begabung für Theater und Spiel und beherrschte ein weites Repertoire an Gebärden und Gesichtsausdrücken. Und dies ist keineswegs erstaunlich; um eine Marionette zu schnitzen, muß man das Wesen des Menschen gründlich kennen.

Aber mein Vater war auch ein Schauspieler, was er immer wieder dadurch bewies, daß er die Rolle des Sankt Nikolaus spielte, ohne daß wir ihm auf die Schliche kamen. Die Familie saß gerade beim Abendessen, als mein Vater sich vom Tisch erhob mit der Begründung, er habe etwas Dringendes zu erledigen. Zehn Minuten später klopfte dann Nikolaus an die Tür. Er trat ein, hielt eine Ansprache und verschwand wieder. Mein Vater kehrte dann an den Familientisch zurück, und wir bestürmten ihn aufgeregt: «Papa, Papa, Sankt Nikolaus ist dagewesen, warum hast du ihn bloß verpaßt, du hättest bei uns bleiben sollen; schau, was er uns mitgebracht hat!» Jahrelang spielte mein Vater für uns den Nikolaus. Er hörte rechtzeitig damit auf, da er wohl spürte: Nächstes Jahr glauben sie mir nicht mehr. So ergab es sich, daß sich Sankt Nikolaus im folgenden Jahr nicht mehr sehen ließ. Er stellte uns nur seinen Sack mit den Leckereien hin. Etwas später enthüllte uns Vater dann das Geheimnis.

Neben Jakob Flach und dem Clown Andreff muß ich auch Charlotte Bara nennen. Sie war eine Tänzerin, die in dem kleinen Teatro San Materno auftrat, das ihr Mann für sie gebaut hatte (der offenbar reich war). Den Plan dazu hatte Carl Weidemeyer entworfen. Die Eröffnung dieses Theaters bedeutete in Ascona eine kleine Sensation, gab es doch sonst so gut wie kein Theaterleben in dem Dorf.

Charlotte Bara arbeitete im San Materno und trat dort regelmäßig auf; sie eröffnete in den dreißiger Jahren sogar eine Schule, wo Tanz, Musik und die Kunst der Rezitation gelehrt wurden. Ich nahm als Zuschauer an diesen Kursen teil, und die Tanzkurse, die sie durchführte, beeindruckten mich mächtig, wurden doch nicht etwa klassische Tänze unterrichtet, sondern eine Choreographie, die der Kunst der Mimik sehr nahe stand und durch langsame und ausdrucksvolle Bewegungen auffiel. Die Darbietungen waren oft von religiösen Themen inspiriert (z. B. die sieben Todsünden) oder gingen auf die ägyptische Mythologie zurück. Andererseits lernte ich im Teatro San Materno zum ersten Mal bedeutende Tänzer kennen wie etwa Harald Kreutzberg.

Gewiß, die Jahre vergingen, aber dies hinderte Charlotte Bara nicht daran, ihre Arbeit fortzusetzen und die Bühne für einen immer begrenzteren Personenkreis offenzuhalten. Das Ganze wirkte oft irgendwie komisch, und es kam vor, daß ich parodierte, was ich auf der Bühne gesehen hatte. Ich sollte Charlotte Bara dies eigentlich nicht alles verraten, aber wir verstehen uns glänzend, und wenn sie es eines Tages erfahren sollte, bin ich sicher, daß sie es mir nicht übelnehmen wird.

Ich erlebte im Teatro San Materno sehr lustige Augenblicke. So erinnere ich mich daran, daß Charlotte Bara Vorstellungen gab, bei denen die Musik eine wichtige Rolle spielte. Sie benutzte dazu einen altmodischen, von Hand betriebenen Plattenspieler. Von Zeit zu Zeit hörte sie nun plötzlich auf zu tanzen; sie entschuldigte sich beim Publikum und verschwand hinter den Kulissen. Man hörte ein seltsames Geräusch, wie es von einer Maschine verursacht wird, die man aufzieht; dann plärrte die Musik von neuem schwungvoll los, und Charlotte Bara kehrte auf die Bühne zurück und tanzte weiter. Solche clownesken Zwischenfälle gab es ab und zu.

Es gibt etwas, das wir verloren haben und das nur die Kinder irgendwo bewahren: das Paradies. Es läßt mich an meine Jugend zurückdenken; es heben sich Erinnerungen ab, die ich als «neu» einstufen möchte, derart scharf und heftig sind sie. Es sind dies die Erinnerungen an Spiele: das Paradiesspiel, das Weihnachtsspiel, das Dreikönigsspiel.

Jedes Jahr, wenn der 25. Dezember näherrückte, wohnte ich in einer Anthroposophenschule in Brissago einer Aufführung alter Volksstücke bei, die

streng nach Tradition gespielt wurden. Auf der Bühne sah man die Geschichte von Adam und Eva und ihre Vertreibung aus dem Paradies. Eine Gestalt übte auf mich Faszination und Schrecken zugleich aus: der Teufel. Er wurde jedesmal vorzüglich gespielt. Schließlich erzählten uns die Schauspieler die Weihnachtsgeschichte und die Geschichte von den Heiligen Drei Königen aus dem Morgenlande.

Ich *sah* also das Paradies damals – auf der Bühne. Für mich nahm es sehr bald einen symbolischen Wert an. Seither habe ich bei mir selbst wie auch bei anderen Menschen unserer Zeit festgestellt, daß das Paradies etwas ist, das man sein Leben lang sucht. Denn das Paradies ist offenkundig eine Wirklichkeit, oder, besser gesagt, ein Zustand. Ein Zustand, in den sich das Kind versenken kann; wer einmal ein Kind genau beobachtet hat, kann sich davon überzeugen, daß es sich ganz nahe am Paradies befindet. Manchmal sage ich mir, daß man wieder zum Kind werden und ein Stück Paradies finden könnte... Vielleicht versuchen wir, die Schauspieler, wir, die Clowns, eifriger als andere Leute, diese versunkene Welt, diese verlorene Insel wiederzugewinnen.

Es gab in meinem Leben Momente, wo ich mir sagte, das Paradies sei greifbar nahe. Momente, die ich auf der Bühne in sehr intensiver Form erlebte. In solchen Augenblicken fühle ich mich am meisten als Clown. Wenn eine Sache gut abgerundet ist und vom künstlerischen Standpunkt aus echt und überzeugend wirkt, nähere ich mich dem Paradies. Dann, während einiger Sekundenbruchteile, verspürt der Mensch den Hauch des Unendlichen. Denn man kann nicht mogeln: Wenn du mogelst, und sei es auch nur ein klein wenig, wenn du eitel oder stolz oder unaufrichtig bist, dann setzt sich die Lüge durch, und die Lüge läßt das Paradies in weite Ferne entschwinden.

Mit der Kunst läßt sich der Begriff des Paradieses erahnen: Je näher sich der Komödiant dem Paradies fühlt, desto näher ist er der Unschuld, desto «künstlerischer» ist er. Belege dafür finden wir in zahlreichen Zivilisationen. Bei den Japanern fordert die Nō-Tradition, daß der Schauspieler in erster Linie nach Aufrichtigkeit und Reinheit strebt, und die Lehrer warnen ihre Schüler: Wenn ihr euch für groß und vollkommen haltet, wenn ihr euch als Meister seht, so ist dies der Anfang vom Ende, und ihr werdet nie zur *Blüte* gelangen.

Im Theater kann ein Schauspieler natürlich ein wenig mogeln, ohne daß das Publikum etwas merkt, aber dies ist höchst gefährlich und führt nicht weit. Hier liegt die große Stärke des Amateurtheaters, das meiner Ansicht nach oft überzeugender wirkt als das professionelle Theater, weil es echter und aufrichtiger ist. Selbst wenn das Gebotene mangelhaft oder bisweilen sogar hilflos wirkt, selbst wenn die Schauspieler sich nicht richtig bewegen oder lachen können: Man findet bei ihnen alles, was uns Professionellen oft abgeht: Reinheit, Aufrichtigkeit und Wahrhaftigkeit. Und wenn uns dies alles fehlt, ist das Publikum betrogen.

Der Clown ist ein ewig Suchender. Er sucht nach Glück, nach Heiterkeit, nach Einfalt – ein Typ, der die Allüren eines Kräutersuchers hätte, wenn die Wahrheit eine Blume wäre. Er ist auch ein ewiger Hofnarr, der auf seine Weise – denn jeder Clown hat seine Eigenheiten – die Leute ganz einfach zum Lachen bringen, unterhalten und ihnen ein Teil seiner selbst schenken möchte. Clowns sind Leute, die

sich gerne ausdrücken und zeigen, was sie können. Sie gleichen darin einem Kind, das die Erwachsenen, sobald es etwas Neues gelernt hat, stürmisch am Arm zieht und ruft: «Schau, was ich kann, schau, wie gut ich es kann!» Der Clown scheut sich nicht, sich selbst dessen zu rühmen, was er kann. Er ist nämlich stolz auf seine Fortschritte. Oder er weint, wenn ihm nicht alles nach Wunsch läuft.

Er ist ein aufrichtiges Wesen, rein in seinen Gefühlen, das sich absichtlich in den Zustand der Kindheit zurückversetzt und außerdem seine komische Begabung spielen läßt, die jeder Clown besitzt. Dazu kommen andere Qualitäten und Spezialbegabungen, von der Seiltänzerei zur Akrobatik, nicht zu vergessen Musik, Tanz oder... *irgendetwas.* *Irgendetwas* gehört auch zum Clown, denn im Grunde genommen kann er sich alles erlauben, vorausgesetzt, daß es dem clownhaften Stil entspricht, daß es lustig oder rührend, aufwühlend oder poetisch ist, daß es seine eigene Persönlichkeit widerspiegelt und nicht einfach die Nachahmung eines anderen darstellt.

Daß die Leute Clowns mögen und lustige Geschichten über sie erfinden, liegt wohl ganz einfach daran, daß der Clown in ihren Augen die Fähigkeit besitzt, einen Zipfel des verlorenen Paradieses zu erhaschen. Man könnte uns übrigens als «Clowns des Paradieses» bezeichnen, und es ist gewiß kein Zufall, daß der großartige Film von Carné «Die Kinder des Olymp» den Originaltitel «Les enfants du paradis» trägt. In der Tat: Clowns, Komödianten und Schauspieler sind ein wenig «Kinder des Paradieses», denn sie sind ständig auf der Suche nach dem Glück. Dieser Zug ist bei den Clowns besonders ausgeprägt, da der Clown, darauf sei hier hingewiesen, sein eigener Autor, sein eigener Regisseur und sein eigener Interpret ist, also jemand, der sich stark für seine Sache engagiert – ich würde sagen, sich vollkommen mit ihr identifiziert. Deshalb sind wir, wie ich bei mir selbst und bei vielen meiner Kollegen festgestellt habe, dermaßen wir selbst, daß es für uns so gut wie keinen Unterschied zwischen Leben und Bühne oder Manege gibt. Anders gesagt: Wir *sind* Clowns. Das ist so wahr, daß wir unsere eigene Figur zeichnen, unsere eigene Schminke auftragen, als ob wir das Bedürfnis empfänden, uns in eine Gestalt hineinzuversetzen, die uns besonders zusagt – in uns selbst. Es gibt in der Figur des Clowns etwas Konstantes, Unvergängliches, das beinahe an das Prinzip der Wiedergeburt erinnert: Gewiß, er wird in eine Familie hineingeboren, er erbt von seinen Eltern eine bestimmte Haarfarbe, eine bestimmte Ohrenform, eine bestimmte Nase – aber plötzlich gewinnt er noch etwas ganz Eigenes hinzu und nimmt zu den von den Vorfahren ererbten Zügen eine unverwechselbare Individualität an. Natürlich bewahrt er eine Ähnlichkeit mit Großeltern und Eltern, aber mit der Zeit machen sich ganz persönliche Gesten, eine bestimmte Art des Sprechens, ein eigener Charakter bemerkbar, der ihn von allen anderen unterscheiden wird. Schließlich steht der Clown anderen Künstlern wie Bildhauern, Malern, Komponisten und Dichtern nicht allzu fern, da er, genau wie sie, persönlich kreativ ist. All diese Künstler kann man *sehen*. Ich sage sehen, wenn ich an die Maler denke, und möchte hinzufügen, daß ein Maler Kunstwerke schaffen kann, ohne sich dem Publikum selbst zu zeigen; daß er seine Bilder (und damit ein Teil seiner selbst) ausstellen kann, ohne das Dorf zu verlassen, in das er sich vielleicht zurückgezogen hat. Das Interessante ist nicht, wie er aussieht, sondern was seine Bilder über ihn erzählen.

Beim Clown ist es als male oder musiziere er mit seinem Körper. Übrigens bemalt er sein Gesicht, ehe er sich mit Leib und Seele ausdrückt. Das ist der Grund dafür, daß der Clown zu den Künstlern ge-

hört, für die ein Publikum unentbehrlich ist. Es wäre doch recht seltsam, sich einen Clown vorzustellen, der seine Nummer allein im Wald vorführt... Die Vorstellung ist sehr hübsch, und ich fühle mich bisweilen versucht, für die Natur, die Bäume, die Elfen oder das Paradies zu spielen, aber das ist ja nicht gerade der Zweck unseres Berufes: Dieser besteht darin, die Leute zu unterhalten, sie zum Lachen und zum Weinen zu bringen; unsere Aufgabe ist es, das Publikum zu rühren und ihm – aber stets auf dichterische Weise – die menschlichen Schwächen aufzuzeigen. Und dies unabhängig von den Ereignissen des Tages, außerhalb der Zeit.

Die Zeit... Hier liegt noch ein weiterer, auffälliger Unterschied. Der Clown läßt sich nicht mit dem Chansonnier vergleichen, denn er nimmt nicht auf die Geschehnisse der Gegenwart Bezug. Gewiß, es gibt Ausnahmen, welche die Regel bestätigen, und ich weiß sehr wohl, daß man gelegentlich sprechende Clowns findet, die in ihre Nummern auf sehr geschickte und witzige Art politische Aktualitäten einflechten. Im Allgemeinen aber spielt der Clown seine Rolle so, daß sie in jeder beliebigen Zeit beim Publikum ankommen würde. Außerdem ist er meistens an keinen bestimmten Ort gebunden. Zwar mag er – wie der Seiltänzer – im Zirkus geboren sein, aber dies hat keine praktischen Auswirkungen: Wir können uns in einer Zirkusmanege wohl fühlen – und dort sieht man uns gewöhnlich – ebenso aber auf der Bühne oder vor der Kamera. Der Clown *ist* der Clown, und er kann sogar in der menschlichen Phantasie oder in einem Kinderbuch existieren. Er ist überall.

In diesem Zusammenhang möchte ich eine Frage aufwerfen, die mich beschäftigt, seit ich meinen Beruf ausübe: Welche Vorstellung machen sich die Leute von einem Clown, und wie sieht er sich selbst? Es wäre interessant, eine Umfrage durchzuführen und auch Leute zu befragen, die noch nie im Leben einen Clown gesehen haben. Ich möchte so gerne wissen, welchen Eindruck wir auf sie machen, was sie von uns halten. Ich sage dies, weil ich weiß, daß es zu allen Zeiten Clowns gegeben hat und daß der Clown eine fast mythische Gestalt ist, deren Spur sich bei allen Völkern der Welt findet, auch wenn die Bezeichnungen verschieden sind. So tritt der Clown in Indien in der Gestalt des komischen Tänzers auf. Bei den Indianern hatte jemand, der eine komische Begabung besaß, das unbeschränkte Recht, alles auf eine verrückte und bizarre Weise zu tun, den Narren zu spielen, die Leute zu belustigen und zu erschrecken. Dies ist eine Verantwortung, die sehr schwer wiegt – die Verantwortung unseres Berufs. Wir kümmern uns gewissermaßen um Tausende von Menschen, wir treten als ihre Doppelgänger oder Stellvertreter auf die Bühne, wir erlauben uns allerlei Schabernack – weil uns einst in der Wiege eine kleine Schachtel oder ein Paket auf den Kopf gefallen ist...

Und die Leute helfen uns; das gehört mit zum Spiel, denn sie verspüren den lebhaften Wunsch (manche ohne es zu wissen), mitzuerleben, wie ein Clown an ihrer Stelle lustige oder unerlaubte oder unmögliche Dinge anstellt.

Aber das Publikum ist auch sehr kritisch, mehr als beispielsweise im Theater oder im Kino, denn sobald es einen Clown zu Gesicht bekommt, erwartet es von ihm weiß Gott was für unglaubliche oder gar übermenschliche Kunststücke. Wenn wir es enttäuschen – und dies kann sehr rasch der Fall sein – sind die Folgen oft verhängnisvoll.

Das Publikum spielt für uns also eine entscheidende Rolle. Es gab aber auch überall und zu allen Zeiten künstlerisch Schaffende, die sich ihrerseits ein Vergnügen daraus machten, uns darzustellen. Wieviele Maler haben doch das Bild des Clowns auf eine Leinwand gebannt, wieviele haben sich mit uns identifiziert! Fügen wir die Schriftsteller zu den Malern hinzu: Henry Miller verdanken wir einige der wundervollsten Zeilen, die unserem Stand je gewidmet worden sind, und ebenso Heinrich Böll. Für uns ist dies – ich weiß nicht recht, wie ich es ausdrücken soll – eine große Hilfe. Es wirkt wie eine Bestätigung, daß wir nicht umsonst auf der Welt sind und daß wir uns dieser Anerkennung bewußt sein müssen, um uns ihrer durch gute Leistungen würdig zu erweisen.

Man fragt mich oft: Wie stellst du es an, ganz alleine zu arbeiten, ohne Regisseur? Wie bringst du es fertig, dein eigener Autor, dein eigener Interpret und dein eigener Kritiker zu sein? Die Frage ist im Grunde genommen sehr berechtigt: Es ist schließlich ein Wagnis, sich ohne jede fremde Hilfe durchzuschlagen, und welche Eitelkeit mag uns dazu treiben, uns allein dem Publikum zu stellen? Die Antwort lautet wie folgt: Nur selten wird ein Clown auf die Idee kommen, sich einen Regisseur zu wählen, denn sein Regisseur ist sein eigenes Gewissen. Dies setzt voraus, daß wir einen sehr ausgeprägten Sinn für Selbstkritik entwickeln müssen; vor allem aber sollten wir die Gabe besitzen, uns selbst zu sehen. Ich kann beispielsweise die Augen schließen und sehe mich dann vor mir, wie ich mich bewege, Gesten mache und mit irgendeinem Gegenstand merkwürdige Dinge treibe. Ich sehe mich wie in einem Film – sogar in Farbe; es ist für mich außergewöhnlich. Doch dies ist nicht alles: Unsere Kritiker sind das Publikum und unsere Freunde (sie vielleicht in erster Linie), und ein Gradmesser unseres Erfolges ist natürlich das Lachen der Zuschauer. Ich sage bewußt das Lachen und nicht der Beifall, denn Beifall spenden kann man immer, und sei es nur aus Freundlichkeit oder Höflichkeit, um den Künstler nicht zu entmutigen. Noch nie aber, darauf gehe ich jede Wette ein, ist es vorgekommen, daß ein ganzer Saal aus Höflichkeit in Gelächter ausgebrochen ist; Lachen ist nie gekünstelt, sondern immer echt und spontan.

Folglich ist das Publikum Kritiker und Regisseur; wenn es lacht, und zwar aus vollem Herzen – denn es gibt zwei Arten von Lachen, ein dümmliches als Reaktion auf zweideutige oder unanständige Witze, sowie ein echtes und unbeschwertes – dann ist die Prüfung bestanden.

Ich möchte noch von einem anderen Regisseur sprechen: An dieser Stelle komme ich nochmals auf die Künstler zurück, die uns auf einem Gemälde verewigen oder über uns schreiben. Ich erhalte oft Zeichnungen, sehr viele von Kindern, oder Arbeiten von Graphikern und Malern, ich erhalte Porträts, und wenn ich sie anschaue, sehe ich mich plötzlich mit anderen Augen, mit denen eines Unbekannten, der diesen oder jenen Zug hervorhebt und eine bestimmte Farbe wählt, da er sie den anderen vorzieht. Diese neue Art, mich zu sehen, verhilft mir zu überraschenden Entdeckungen bei der Suche nach meinem wahren Ich, nach dem kleinen Clown, der in mir steckt und den ich so gerne vervollkommnen möchte.

Ich habe vor einigen Jahren eine Puppe bekommen, eine Marionette, hergestellt von einer Frau, die mich auf der Bühne gesehen hatte. Diese Puppe hat ein weißes, rührendes Gesicht. Jeden Tag betrachte ich sie in meinem Atelier, und ich sage mir, daß ich noch nicht so rührend, so echt, so rein aussehe wie sie. Und dies hilft mir, mich zu verbessern.

Die Maske, das Schminken ist zu allen Zeiten Kennzeichen des Clowns gewesen. Wir haben auch unsere Theorien darüber entwickelt. Die Maske ist nichts anderes als eine zur letzten Konsequenz entwickelte Schminke, welche derart entpersönlichend wirkt, daß der Träger seine Individualität aufgibt und zu einem anderen wird. Ein Schauspieler, der eine Maske trägt, erregt die Phantasie der Zuschauer und vermehrt seine Möglichkeiten im Spiel beträchtlich, denn er erscheint stilisiert und irgendwie entrückt. Wenn die Maske der Extremfall der Schminke ist, so wäre ein anderes Extrem der völlige Verzicht auf jede Schminke. Meiner Ansicht nach müßte ein Clown von Zeit zu Zeit versuchen, ohne Schminke zu spielen. Ich habe das Experiment selbst mehrfach gewagt und gesehen, wie meine bloße Anwesenheit die Leute zum Lachen bringen konnte. Trotzdem: Die Schminke hilft dem Clown, so zu spielen, daß er seinem Idealbild nahekommt; sie trägt dazu bei, daß er sich vom Alltagsleben loslöst. Sobald wir geschminkt sind, befinden wir uns in einer anderen Welt, wir, die Clowns, die man von ferne anrücken sieht; zunächst entdeckt der Zuschauer nur einen mächtigen Farbenwirbel, und was ihn dann fesselt, ist unsere Stilisierung. Wir werden zu Gestalten, die das Werk eines Malers oder Bildhauers sein könnten. Dies ist unsere Art, vor das Publikum zu treten, und die Schminke hilft ihm, uns ein wenig entgegenzukommen, denn im Grunde genommen hat jeder seine eigene geheime Vorstellung von einem Clown.

Entscheidend sind für uns schließlich die Kinder. Sie bilden einen großen Teil unseres Publikums. Sie spielen selbst Clowns und schminken sich, wenn sie sich nicht damit begnügen, uns zu zeichnen. Wenn sie uns darstellen, dann häufig mit einer übertrieben starken, besonders aggressiv wirkenden Schminke, roten, sehr langen Haaren, großen Ohren und rie-

sengroßen Füßen. Es fällt mir schwer zu sagen, ob sie uns tatsächlich so sehen oder ob sie unbewußt von dem importierten Image des amerikanischen Clowns geprägt sind, der groß, dick und vulgär ist und mächtige Schuhe trägt.

Bei meinen bescheidenen Erfahrungen habe ich festgestellt, daß die Kinder sehr rasch mit meiner Person vertraut sind, mit meiner Schminke, die, verglichen mit anderen Clowns, sehr sparsam aufgetragen ist und etwas mimenhaft wirkt, denn ich habe ein weißes Gesicht mit schwarzer Zeichnung. Es ist eine Schminke, die meine Ausdrucksweise untermalt und zugleich stilisierend wirkt, die mich nicht entstellt und aus mir kein vollkommen anderes Wesen macht. Ich finde es gut, daß mich die Leute nach der Vorstellung im Café oder auf der Straße wiedererkennen.

An manchen Abenden sage ich mir: Was für eine Plage! Ich muß mich schon wieder schminken, und ich denke mir, es wäre doch viel einfacher, im letzten Moment in meine Garderobe zu verschwinden, mein Clownkostüm überzuwerfen und vor das Publikum zu treten. Aber die Schminke gehört zu meiner Arbeitstracht und zur Magie des Clowns; sie ist für sich allein schon ein Mythos, ein Ritus, durch den man sich in einen anderen verwandelt. Wenn ich mich schminke, schlüpfe ich in mein bestes Ich: In das eines Clowns. Und während jener halben Stunde, die das Schminken in Anspruch nimmt, entrücke ich unmerklich aus dem Alltag in die Welt der Bühne und des Zirkus, ich tauche in eine neue Atmosphäre ein — ich meditiere.

Wie bringst du es fertig, den Clown zu spielen, wenn du traurig oder schlecht gelaunt bist? fragt man mich oft. Nun, das ist eben der Grund dafür, daß ich mein Gesicht symbolisch verändere und die Alltagsprobleme zusammen mit meinem alten Gewand abstreife, in einem Wort: zum Clown werde. An und für sich bin ich dies zwar schon, aber jetzt zeige ich es jedermann in stilisierter Form während des bevorstehenden zweistündigen Auftritts. Vor dem Schminken erfolgt eine andere Vorbereitung, die viel Zeit in Anspruch nimmt: Training, Musik, Aufwärmen. Nach der Vorstellung folgt das Abschminken – man kehrt wieder ins normale Leben zurück, man legt das Gesicht ab, mit dem man die Leute zum Lachen gebracht hat und findet sein eigenes wieder, das zwar nicht allzu verschieden ist, aber doch etwas traurig wirkt, weil es gleichbedeutend ist mit einem leeren Theater. Man erblickt den Spiegel, empfindet das Schweigen, das sich über die Szene gesenkt hat, bemerkt den leisen Luftzug, die achtlos auf den Boden geworfenen Programme, eine Lampe, die noch in irgendeinem Winkel des Saals brennt – wie immer nach einem Fest herrscht eine wehmütige Stimmung, und man trauert der entschwundenen Fröhlichkeit nach. Darin liegt das Drama unseres Berufs: Abend für Abend bieten wir eine Kunst dar, die sich sofort in Nichts auflöst, wenn die Vorstellung zu Ende gegangen ist, und nur in der Erinnerung der Zuschauer weiterlebt.

Das Abschminken im stillen Kämmerchen bedeutet wiederum Einsamkeit, die wirkliche oder diejenige, die man mit einigen Freunden teilt. Dabei denke ich, daß am nächsten Tag alles wieder von neuem beginnen wird und daß ich gleich geschminkt hätte bleiben können, wäre die nächste Vorstellung nicht noch etwa zwanzig Stunden entfernt.

Oft verzichten die Zirkus-Clowns zwischen der Nachmittags- und der Abendvorstellung auf das Abschminken, was bisweilen zu grotesken Situationen führt, wenn sie mit Freunden essen gehen oder die Straße überqueren und dabei eine Zigarette rauchen, ohne daran zu denken, daß ihr Gesicht in allen Farben prangt.

Ich kenne Clowns, die ohne Schminke auftreten, hochbegabte und lustige Clowns wie die Colombaioni, die mich auch schon angeregt haben, auf das Schminken zu verzichten. Ich habe lange gezögert und das Experiment ernstlich erwogen, aber meiner

Ansicht nach würde dies nicht zu meiner Figur passen, die danach strebt, poetischer zu wirken. Sie verlangt nach ausgeprägter Stilisierung; das träumerische Element darf nicht fehlen – Peterchen, das die Fahrt zum Mond wagt, Peterchen mit dem weißen Gesicht, das die Zuschauer zu Tränen rührt. Die Colombaioni sind sprechende Clowns; sie vertreten eine andere, von der Volkskomödie inspirierte Linie. Meine Kunst gleicht der Mimik, die ohne Worte, allein durch Gesten eine neue Welt, eine poetische Stimmung schafft.

Nach diesen Betrachtungen über das Schminken würde ich gerne ein wenig über das Zeichnen plaudern. Verlassen wir also den Clown für einen Augenblick und wenden wir uns der Malerei zu.

Viele von uns haben gemalt; ich selbst stand natürlich unter dem Einfluß meines Vaters, der Maler und Bildhauer ist. Außerdem absolvierte ich eine Töpferlehre, während der ich auch Unterricht im Zeichnen erhielt. Heute bringe ich meine Ideen um so leichter zu Papier, als ich mich überhaupt nicht um Technik oder Stil kümmere; es ist mir völlig egal, ob meine Zeichnungen schön sind oder nicht und ob sie Erfolg haben.

Das Zeichnen ist für mich Selbstzweck; es ermöglicht mir, Dinge darzustellen, die ich auf der Bühne nie zustandebrächte. Es eröffnet meiner Vorstellungskraft ungeahnte Möglichkeiten: Ich zaubere Clowns auf das Papier, die fliegen können, ich entweiche in eine Traumwelt, wo es weder Bühne noch Manege gibt. Dies bringt mir viel Freude und echte Entspannung. Doch bin ich sehr egozentrisch, und meine Zeichnungen kommen immer wieder auf die Welt der Clowns zurück. Ich arbeite wie ein Maler, der eine Skizze entwirft, oder ein Architekt, der den Plan eines Hauses zeichnet. Zwar stelle ich nicht alle Einzelheiten meiner Nummern genau dar, wohl aber die Gegenstände, die ich benutzen werde und die gewissermaßen meine Partner sind; ich schätze die Proportionen und die Intensität der Farbe ein, ich lasse meiner Phantasie freien Lauf.

Meine neue Nummer ist nun Phase für Phase durchdacht. Zunächst träume ich von einem Clown, der die Welt verbessern wollte – den grauen Alltag, den Lärm, die Gewalttätigkeit – um sich auf einen schmalen Streifen zurückzuziehen, wo er sein eigenes Leben führen kann – in die Luft, auf eine Fläche ohne Ausdehnung. Ich hätte meinen Clown am liebsten fliegen lassen, doch da dies nicht möglich ist, bot sich als Lösung ein Seil an. Schließlich hat es tatsächlich Menschen gegeben, die es während langer Zeit (vierzig Tage lang, glaube ich) fertiggebracht haben, auf einem Drahtseil zu bleiben.

Ich nahm eine Feder, ein Blatt Papier und Tusche; dann zeichnete ich mich, wie ich auf dem Seil aß, schlief oder musizierte. Ich sah in ihm eine Zufluchtsstätte, einen Zipfel des Paradieses, der winzig und unendlich zugleich war: Wohl wird der Draht von den beiden Balken begrenzt, an denen er befestigt ist, doch läßt er sich in Gedanken bis in die Unendlichkeit ausdehnen; er erstreckt sich bis in den Himmel und windet sich um den Erdball. Technisch gesehen war dies jedoch ein sehr ehrgeiziger Plan: Auf einem Seil derart viele Dinge zu vollbringen, ist äußerst anstrengend und stellt fast unlösbare Anforderungen an den Artisten. Außerdem wollte ich in diese Vorstellung einige alte Nummern einflechten, die ich schon seit zehn oder zwölf Jahren nicht mehr dargeboten hatte. Schließlich stellte sich noch die Frage, wie man es anstellen sollte, das Seil zu spannen: Ich kann mir nicht so recht vorstellen, wie ich auf die Bühne treten und zwei Pflöcke in den Beton treiben sollte... Zusammen mit einem befreundeten Ingenieur ersannen wir einen raffinierten Apparat, der dem Zuschauer nichts von der kommenden Nummer verrät. Indem ich auf die traditionellen gekreuzten Stangen verzichtete, an denen bei Seiltanznummern das Seil befestigt ist, verfügte ich über eine außergewöhnliche Vorrichtung, die ich noch verbessern wollte. Um das Publikum an der Nase herumzuführen, beschloß ich, sogar das Seil zu verbergen, indem ich einen Vorhang daran befestigte. Von weitem sah das Ganze aus wie eine Kiste. Oder wie ein Theater im Theater.

Ich habe es schon oft bemerkt: Anfangs passen sich die technischen Details den Ideen an, danach ist es umgekehrt. So verhielt es sich auch damals. Da war der Vorhang, hinter dem ich mich verbergen konnte, und dann das Seil; ich mußte zwei Personen zugleich spielen: Der Clown trat auf dem Drahtseil auf, und auf der Bühne stand der Abwart des Thea-

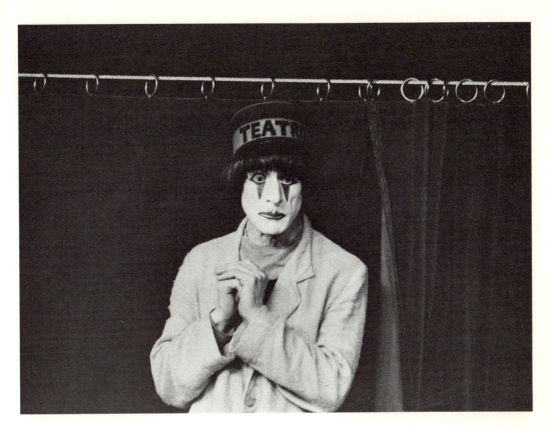

ters, der mir ständig die zum Spielen notwendigen Requisiten wegnahm, damit ich mich nicht zu wohl fühlen sollte.

Es war das erste Mal, daß ich in einer meiner Nummern zwei Figuren zugleich spielte. Vielleicht war mir das 1978 versuchte Experiment mit «Il clown è morto; evviva il clown!» behilflich gewesen. Es ist dies der Titel eines Stückes, das ich auf Anfrage des Berliner Festivals für die Truppe unserer Schule in Verscio erdacht hatte. Nur das Thema war vorgegeben: Der Zirkus. Es kam mir sogleich eine Geschichte in den Sinn, die ich mir oft vorgestellt hatte: Die Geschichte eines Clowns, der stirbt und dessen Rolle unverzüglich von einem anderen Clown übernommen werden muß, damit der Zirkus weiterarbeiten kann. Es ist eine wahre Geschichte:

Man weiß, daß Harlekin nie sterben darf. Es gibt darüber eine wundervolle Szene aus dem 17. Jahrhundert: Ein Harlekin hat allzu ausgelassen getanzt und dabei natürlich stark geschwitzt. Er holt sich eine Erkältung und stirbt. Es gilt nun eilends einen Nachfolger zu finden, der vor dem Publikum Harlekins Stock schwingt und sein Kostüm trägt.

Diese Geschichte ist bei Clowns und Zirkusleuten sehr wohl bekannt, da sie sich immer wieder tatsächlich ereignet. Ich erinnere mich an eine berühmte Seiltänzertruppe namens Wallenda: Zwölf Personen standen auf einem Seil und bildeten eine Pyramide. Eines Abends, während der Vorstellung, fiel Wallenda aus dreißig Meter Höhe auf den Boden. Er kehrte nie wieder in den Zirkus zurück, aber seine Kameraden stiegen schon wenige Stunden nach

dem Unfall wieder auf das Seil. So etwas erfordert Mut: Mut, um trotz dem Tod eines Bruders, Vetters oder Vaters die Vorstellung wiederaufzunehmen, Mut, um nicht auf die Darbietung besonders schwieriger Tricks zu verzichten, deren einziger Zweck darin besteht, das Publikum zu erregen und zu beeindrucken.

Während ich an meinem Stück feilte, ging mir all dies durch den Kopf. Ich konstruierte daraus eine Handlung, die sich um die Hauptfigur herum abspielte, ein junges Mädchen, das eine freudlose Welt aufgibt und sein Leben dem Zirkus widmet. Nach langem Training nimmt sie der Zirkus allmählich unter die Seinen auf. Dann muß durch den Tod des Clowns rasch Ersatz gefunden werden.

Das Mädchen bringt ihrer Umwelt ein großes Ausmaß an naiver Zuneigung entgegen.

Ich habe mich bemüht, mit diesem Stück ein Theater mit zwei Ebenen zu schaffen: Die Truppe des Teatro Dimitri spielt die Mitglieder einer Zirkusgesellschaft, die eine Pantomime aufführen, welche die Geschichte erzählt von dem Clown, der stirbt, und von dem Mädchen, das zum Zirkus geht. Dieses Stück markiert einen Wendepunkt in meiner Arbeit. Es hat mich näher an die Bühne, an das Theater herangebracht und mir die Idee gegeben, es einmal mit einem Partner zu versuchen, wenn sich die Gelegenheit bietet.

Ich erzähle stets Dinge, die ich erlebt habe oder erleben möchte. Oder die andere gerne einmal erleben würden. Und während ich erzähle, projiziert das Publikum seine ureigensten Vorstellungen in mein Spiel, es läßt seiner Phantasie die Zügel schießen und steigert sich in die unwirklichsten Träume hinein. Dies tue ich auf der Bühne allein. Vom er-

sten Augenblick an. Weil ich die Einsamkeit gewählt habe, die für sich schon eine Art ist, sich auszudrücken.

Der Ehrlichkeit halber muß ich hinzufügen, daß die Reaktionen der Zuschauer mich darin bestärkt haben, auf diesem Wege fortzufahren. Ich merke rasch, daß es «klappt», ich sehe, wie mir das Publikum während meiner Vorstellung folgt und bis zum Schluß Freude zeigt. Es gibt ausgezeichnete Clowns, die unfähig sind, eine zweistündige Darbietung zu bestreiten, und zwar ganz einfach deshalb, weil sie in einer zwanzigminütigen Nummer alles gesagt, alles zusammengefaßt, alles ausgedrückt haben.

Aber mir sagt die Einsamkeit auf der Bühne sehr zu. Ich denke dabei an Marcel Marceau, den ich fast auswendig kenne. Während einiger Zeit gehörte ich zu seiner Truppe. Ich wohnte seinen Darbietungen Hunderte von Malen bei und empfand doch jedesmal dieselbe Faszination, wenn er allein auf der Bühne stand und spielte. Wer kann die Erregung angesichts eines Künstlers beschreiben, der auf einer Theaterbühne, anscheinend mühelos, eine Welt der Poesie herbeizaubert, eine Welt, die irreal und alltäglich zugleich ist und dies ohne komplizierte technische Hilfsmittel, nur durch die Kraft seiner Persönlichkeit! Dies ist mein Ziel, seitdem ich Clown bin.

Im Zirkus erscheint die Einsamkeit für einen Augenblick, wenn Seiltänzer, Jongleure und Dompteure ihre Nummer beenden. Wenn sie abgetreten sind und ich an die Reihe komme, sehe ich die Manege leer vor mir, und ein Licht fällt auf den Clown. Die Einsamkeit überkommt mich dann wieder mit voller Wucht, und ich fühle mich ganz allein. Dies ist sehr wichtig, denn der Clown braucht ein wenig Mitleid von Seiten des Publikums. Er muß spüren, daß sich die Zuschauer zutuscheln: «Ach wie sympathisch er doch ist, wie freundlich, der Arme, man hat geradezu Lust, ihn zu umarmen, ihm beizustehen, ihm zu sagen: Paß auf!» Auch andere Gründe machen die völlige Einsamkeit des Clowns erforderlich. Zunächst ist es gewiß kein unangenehmes Gefühl, den Erfolg ganz alleine auskosten zu dürfen, sich von der begeisterten Menge feiern zu lassen und seinen Namen in den Zeitungen zu lesen. Ich gestehe demütig, daß ich gegen solch menschliche Schwächen nicht gefeit bin, daß ich den Erfolg liebe, daß ich gerne der Star des Abends bin.

Und wenn die Zuschauer mit der Zeit ausblieben? Es wäre entsetzlich. Eine solche Entwicklung käme natürlich nicht von einem Tag auf den anderen; der Grund läge zweifellos darin, daß ich schlechter geworden wäre, vielleicht sogar sehr schlecht. Während einiger Zeit könnte ich vielleicht noch vom «Namen» zehren, aber schließlich müßte ich vor gähnend leeren Rängen auftreten. Ich hoffe nur, daß ich dann vernünftig genug sein werde, um rechtzeitig aufzuhören. Ich hoffe, daß meine Freunde und meine Familie mir offen sagen werden: «Dimitri, es geht nicht mehr.»

Fest steht, daß das Publikum in seinem Urteil unbestechlich ist. Es gibt kein schlechtes Publikum. Jedenfalls kein ungerechtes. Nur verbitterte Künstler behaupten das Gegenteil.

Was für uns Clowns zählt, ist in erster Linie die Sympathie des Publikums. Wir müssen das Publikum lieben, und die Zuschauer müssen uns lieben, sonst kann sich das Komische, der Humor, nicht frei entfalten. Humor braucht einen günstigen Nährboden, genauso wie eine Pflanze, wenn sie knospen und blühen soll, Wasser, guten Boden und Wärme benötigt. In einer kalten und abweisenden Atmosphäre kann das Komische niemals gedeihen.

Der Clown hat kein Alter. Indessen gilt für ihn, daß er noch nicht alt genug ist, wenn er jung ist.

Und wenn er zu alt ist, ist er nicht mehr jung genug. Ich glaube aber, daß der Clown von allen Künstlern am wenigsten von seinem Alter abhängig ist. Charlie Rivel zum Beispiel ist schon fast achtzig. Trotzdem ist er immer noch ein Clown der Extraklasse; er bringt die Leute zum Lachen, ohne etwas zu tun, und steht nach wie vor auf dem Höhepunkt seiner Kunst. Mit ihm verhält es sich wie mit Pablo Picasso, der uns mit drei oder vier Pinselstrichen alles über sein Leben erzählt, weil diese wenigen unnachahmlichen Striche menschliche Reife verraten. Dasselbe gilt für den Clown; je älter er wird, desto mehr verringert er den technischen Schwierigkeitsgrad seiner Nummern, doch desto strahlender enthüllt er dem Publikum seine wahre Persönlichkeit als Clown, die er mit kleinen Gesten zum Ausdruck bringt. Komik bleibt vom Alter unversehrt.

 Ich wünsche, der Tod würde mich zu einem Zeitpunkt überraschen, in dem ich schöne und heitere Dinge treibe – sei es im Clownskostüm oder unter anderen Umständen.

Schon oft habe ich mich gefragt: Was würde ich tun, wenn ich blind würde oder ein Holzbein hätte oder taub wäre? Ich glaube, daß ich selbst dann noch versuchen würde, dem nachzugehen, was ich als «künstlerische Beschäftigung» bezeichne; Malen, Singen, Schreiben, Meditieren. Ich möchte mich in den letzten Jahren meines Lebens gerne einer geistigen Tätigkeit widmen, die unabhängig von meinem Körper und meiner Kunst ist und zu den tiefsten Gründen meiner Existenz vorstößt. Sollte mir aber das Glück beschieden sein, bis zu meinem letzten Tag als Clown auftreten zu können, dann wäre ich mit meinem Schicksal sehr zufrieden. Ich sage mir aber immer wieder, daß mein Beruf für mich nie zur Anstrengung oder zur lästigen Pflicht werden darf.

Ich denke oft an den Tod. Ich versuche, mich mit ihm vertraut zu machen. Schließlich wird ihm keiner von uns entrinnen, und ich halte es nicht für zwecklos, sich über den Tod Gedanken zu machen, da er eine neue Geburt darstellt. Der Tod ist eine Geburt unter umgekehrten Vorzeichen. Man stirbt, man streift seine Hülle ab und wird in einer anderen Welt neu geboren. Und wenn wir in die hiesige Welt hineingeboren werden, heißt dies, daß wir eine andere Welt verlassen und einen Körper annehmen. Dies bringt zwar jedesmal Schmerzen mit sich, aber zugleich auch Freude.

Der Tod ist etwas sehr Zwiespältiges, und wenn man genau nachdenkt, auch nicht so furchtbar, wie er zunächst erscheinen mag. Beklemmender als er wirkt der Gedanke an Alter und Gebrechlichkeit, an Leiden, Krankheit und Einsamkeit.

Ich würde gerne auf der Bühne sterben, oder, anders ausgedrückt, inmitten einer Aktivität, in Schönheit, wie man zu sagen pflegt; ich wünsche, der Tod würde mich überraschen, wenn ich dabei bin, etwas zu leisten. Dieser Wunsch ist bei vielen

Menschen vorhanden, da sie sich vorstellen, der Tod träte dann rascher und ohne Schmerzen ein. Auf der Bühne sterben hieße für mich im Grunde dort sterben, wo ich mein ganzes Leben verbracht habe.

Ein Clown kann überall spielen. Auf der Straße, zu Hause. Im Theater oder im Zirkus, auf einem Drahtseil...

Auf der Theaterbühne empfinde ich nicht die geringsten Schwierigkeiten, mein Bestes zu geben. Dies war schon immer so; es ist meiner Ansicht nach leichter, in einer Richtung zu spielen, wie es im Theater der Fall ist, als nach allen Seiten hin wie im Zirkus, wo das Publikum im Kreis sitzt. Dazu kommt, daß ich mir im Theater mehr Zeit nehmen kann: Im allgemeinen kommen die Zuschauer eigens um mich zu sehen und nicht der Kassiererin oder dem Programmverkäufer zuliebe, obwohl auch das vorkommen mag. Aber in der Regel wollen sie meinen Solo-Auftritt erleben.

Was die technischen Voraussetzungen betrifft, so sind Beleuchtung und Akustik – von Pannen abgesehen – einwandfrei: Und ich habe den ganzen Abend vor mir. Ich habe zwei Stunden Zeit, und ein Publikum; dies gibt mir die Gelegenheit, mich in meine Rolle hineinzuleben und meine Geschichte darzustellen. In meinem Rhythmus.

Manchmal beginne ich ganz langsam und steigere dann das Tempo. Die Zuschauer gewöhnen sich an mich – und ich mich an sie.

Im Zirkus gelten völlig andere Voraussetzungen – in technischer Hinsicht, vor allem aber im visuellen Bereich. Wie kann der Künstler vergessen, daß er fast vollständig vom Publikum umgeben ist? Ich sage fast, denn beim Artisteneingang, wo das Orchester spielt, sitzen keine Zuschauer. Wir verfügen also über einen kleinen Winkel im Rücken, wo man uns nicht sieht, und tatsächlich spielen die meisten von uns mit dem Rücken zum Orchester. Der Zirkus greift übrigens auf eine Form der Darbietung zurück, die so alt ist wie die Welt: Es bildet sich immer ein Kreis um jemanden, der eine Geschichte erzählt ...

Was die Vorstellung betrifft, so ist die Zeit im Zirkus genau vorgeschrieben. Hier strömt das Publikum nicht nur herbei, um mich zu sehen (gewiß kommen viele Leute *auch* meinetwegen!), sondern um eine ganze Reihe von Nummern der verschiedensten Art mitzuerleben. Die einzelnen Nummern folgen einander Schlag auf Schlag. Es gilt, das Publikum zu überraschen, zu verblüffen, mitzureißen, und zwar ohne Unterbruch. Unter diesen Umständen kommt uns Clowns eine genau definierte Funktion zu: Sie besteht vielleicht darin, eine Form von Kunst vorzuführen, die nur im Zirkus denkbar ist, etwa mit einem Elefanten oder einer Kuh zu spielen. Kurz, es gibt ein unerschöpfliches Spektrum von Möglichkeiten, unvergleichlich mehr als im Theater. Andererseits treten auch Schwierigkeiten auf: In der Manege gibt es weder Kulissen noch Dekoration noch Vorhang. Man kann sich nicht verstecken; unmöglich, sich auch nur für einen Augenblick in Sicherheit zu bringen...

Die Magie des Theaters kann ich auch nach zwanzig Jahren in meinem Beruf nicht mit Worten schildern. Vielleicht hängt sie damit zusammen, daß die Bühne ein Ort ist, wo eine Märchenwelt entsteht, die paradoxerweise dennoch oft wirklicher ist als die sogenannte Realität und das Leben.

Das Theater ist ein leerer Raum. Man sagt oft, es ziehe den Menschen ganz in seinen Bann. Was dort gesagt und gespielt wird, versetzt den Zuschauer in eine Lage, die kaum mehr Berührungspunkte mit dem Alltag aufweist. Ich glaube, daß das Theater den seelischen Zustand eines Menschen verändern kann. Dasselbe kann sich auch im Kino ereignen, nur mit dem Unterschied, daß der Film stets eine Handlung widerspiegelt, die bereits geschehen ist. Im Theater hingegen, mag das Stück nun gut oder schlecht sein, spielt sich das Geschehen im Moment selbst ab: Die Schauspieler sprechen und handeln, sie wenden sich an den Zuschauer, sie sind greifbar nahe.

Es gibt immer ein erstes Mal. Für mich war das erste Mal in der Bundeshauptstadt Bern, wo ich auch meine Lehre als Töpfer abschloß. Tagsüber war ich Töpfer, nachts Clown.

Zu jener Zeit trat ich zusammen mit Studenten auf, in kleinen Sälen, wo ich kurze Nummern aufführte. Unvergeßlich bleibt mir die Erinnerung an meinen ersten Auftritt, und das Lachen der Zuschauer über meine Darbietungen. Auch wenn die Nummer an sich nichts Umwerfendes war.

Was wirklich zählt, ist der Gedanke, daß die Leute eigens herkommen, um dich spielen zu sehen und daß du sie zum Lachen bringst. Dies ist wirklich ein erhebendes Gefühl. Mit der Zeit trat ich immer häufiger auf, und ich begann in Paris mein Studium. Ich besuchte allerlei Kurse und stieß später zur Truppe von Marcel Marceau. Dies sollte sich als eine entscheidende Etappe in meinem Leben erweisen. Marceau ist schlicht und einfach ein Genie, ein echtes Phänomen, dank dem sich in der Welt der Clowns ein neuer Stil durchsetzte. Zu seiner Truppe gehörten unter anderen Nicole Croisille, «Les frères ennemis», zwei in Frankreich sehr bekannte Komiker, sowie der Regisseur von «La Montagne sacrée», Jodorowsky.

Diese Truppe hat mich bei meinen Versuchen entscheidend weitergebracht, und ich verdanke ihr sehr viel. Es ist ja immer dasselbe: Wenn du offen bist und Kritik annimmst, machst du rasch Fortschritte. So verhielt es sich auch damals in Paris, im «Théâ-

tre de l'Ambigu». Später begann ich, den Zirkus zu entdecken, zusammen mit einem Clown namens Maïsse. Es war mein erster Auftritt im Zirkus Medrano, der auf eine große Tradition zurückblicken konnte; Grock, die Fratellini und alle großen Clowns der Welt hatten dort gewirkt. Ich hatte das Glück, denselben Pfad betreten zu dürfen wie sie und mich in dieser Manege zum ersten Mal einem Zirkuspublikum zu stellen, das mich aufmerksam beobachtete.

Das erste Mal allein aufzutreten hatte ich aber daheim im Tessin gewagt. Zum Herbstanfang, wenn die Kastanien reif sind, feiert man dort die «Castagnata». Man ißt Kastanien, trinkt Wein, und im allgemeinen finden auch Vorstellungen zur Unterhaltung statt.

Bei einem dieser Feste stand ich zum allerersten Mal in meinem Leben zweimal je vierzig Minuten auf der Bühne. An jenem Tage begriff ich, daß es den Leuten Spaß machte, mich zu sehen. Ohne daß sie es ahnten, stärkte ihre freundliche Reaktion auf meinen Auftritt mir den Rücken für meine zukünftige Karriere als Clown. In der Folge gab ich, vorsichtig, wie es meiner Natur entspricht, bald hier, bald dort kleinere Vorstellungen, in Schulen und Internaten, denn ich wollte nicht sofort das Risiko einer «one-man-show» auf einer großen Bühne eingehen.

1959 erzählte man sich in Ascona, daß im Marionettentheater, ganz in der Nähe meines Geburtshauses, ein einheimischer Clown auftrete. Die Bühne war gerade groß genug; ich hatte mir ein Podium zurechtgezimmert, und der Saal faßte etwa hundert Personen. Hier in diesem Marionettentheater wurde ich für drei Abende pro Woche zum professionellen Clown. An den anderen Abenden fand die eigentliche Marionettenvorstellung statt, und am Sonntag diente der Saal als Versammlungsort für ... die protestantische Kirche, die für ihre Gottesdienste keinen anderen Raum im Dorf fand. Wir bildeten wahrhaftig ein seltsames Dreigespann – die Marionettengalerie, ein Clown und ein Pfarrer...

Ich muß hier ein Geständnis machen, das gar nicht zu meinem Beruf zu passen scheint. Ich fühle mich sehr mit meiner Heimat, meinen Freunden, meiner Familie, meiner Gegend und meinem Haus verbunden, und es graut mir davor, auf Tournee zu gehen. Es macht mich traurig und verwirrt mich, wenn ich von meinem Heimatort Abschied nehmen muß. Im Grunde genommen bin ich ein Bauer, und ich war nicht umsonst Handwerker – ich hatte immer eine Vorliebe für das Sichere, Erdnahe, Unerschütterliche, für das Unvergängliche.

Mein Beruf als Clown bringt es mit sich, daß nach der Vorstellung alles zu Ende ist und ich Abend für Abend ganz von vorne beginnen muß. Übrig bleibt nur die Erinnerung, ein bestimmter Eindruck, eine gewisse Erregung. Als Clown reist man viel: Es geht nicht anders. Es ist auch sehr wichtig, weil man so ständig neue Künstler und ein anderes Publikum trifft, auch wenn die Menschen Menschen sind und sich von Stadt zu Stadt, ja selbst von Erdteil zu Erdteil nicht allzusehr voneinander unterscheiden. Die menschlichen Gefühle sind fast überall gleich, und der Auftritt des Clowns bewirkt etwas sehr Bezeichnendes: Da wir Clowns im Grunde genommen das Kind im Menschen ansprechen – wir sind ja selbst etwas kindlich und naiv – appellieren wir an die Unschuld und Reinheit der anderen. Und die Unschuld kennt keine Unterschiede hinsichtlich Rasse, Hautfarbe oder Religion.

Schau her: Du kannst ein gelbes, ein schwarzes, ein weißes und ein rotes Kind gleichen Alters zusammen spielen lassen – sie spielen alle auf dieselbe Weise, sie lachen über dieselben Dinge, sie verhalten

sich gleich. Erst nach und nach treten die Unterschiede hervor.

Diese Beobachtungen haben mich in meinem Selbstvertrauen gestärkt. Ich sagte mir, daß ich keine Angst davor empfinden müsse, bald in Amerika, bald in Prag, in Israel, in Lausanne und in Paris zu spielen, da die Kunst des Clowns den innersten Kern der menschlichen Natur anspricht und nicht mit Volkszugehörigkeit oder Sprache zu tun hat.

Zurück zu den Städten. Ich kenne alle, auch wenn ich nur einen Tag dort verbracht habe. Ich sehe sie mir an, durchbummle sie bald in dieser und bald in jener Richtung, ich interessiere mich für Architektur, Traditionen und Bräuche; ich rede mit den Leuten, da ich mehrere Sprachen spreche. Andererseits habe ich einen wesentlichen Vorteil: Ich reise beruflich. Wenn ich in einer Stadt ankomme, werde ich erwartet, ich sehe mein Bild auf Plakaten, ein Hotelzimmer steht für mich bereit, das Theater ist offen (oder sollte es zumindest sein), die Bühnenarbeiter sind am Werk, und ich tauche sogleich in die Welt des Theaters ein. Kurz, ich bin das pure Gegenteil eines Touristen. Der Tourismus ist mir

zutiefst zuwider, und ich glaube nicht, daß ich als Tourist eine Reise antreten würde. Ich habe es zwar meiner Familie zuliebe zwei- oder dreimal getan, werde aber zukünftig bestimmt darauf verzichten.

Nach der Vorstellung oder an einem der darauffolgenden Tage finden Empfänge statt. Wir werden überallhin eingeladen: Unsere Berufskollegen aus anderen Ländern besuchen uns oder wir suchen sie auf, wenn wir Zeit haben. Und dann kommt der große Spaß, die Cocktails in den Botschaften. Manchmal ist es wirklich lustig, zuweilen aber könnte einen das heulende Elend überkommen. Bei solchen Anläßen lernen wir Präsidenten kennen, daneben auch Leute ohne besondere Bedeutung, aber mit viel Geld und Selbstsicherheit. Man trinkt ein Gläschen und spielt Komödie dabei. Wie merkwürdig: All diese hohen Herrschaften stehen völlig hilflos vor einem kleinen Clown. Sie wissen nicht so recht, was sie sagen sollen, und starren ihn bewundernd an. Sie halten Ansprachen und stellen einen Haufen Fragen: «Wie sind Sie zu Ihrem Beruf gekommen? Woher nehmen Sie bloß all Ihre Ideen? Haben Sie nie Lampenfieber? Was tun Sie, wenn Sie schlecht gelaunt sind? Aber Ihre Haare, na sagen Sie mal, die sind ja echt!!! Ich hätte schwören können, daß Sie eine Perücke tragen... Sagen Sie mal ehrlich: Stimmt es, daß Sie zwölf Kinder haben?»

Fragen wie diese werden mir laufend gestellt. Ich könnte eigentlich Fragebogen verteilen, auf denen die Antworten schon fixfertig stehen. Meine Reaktion hängt jeweils von der Stimmung ab, in der ich mich befinde. Entweder akzeptiere ich die Fragen so, wie sie gestellt werden, und flechte in die Antworten einige Scherze ein, oder aber ich habe die Nase voll und versuche mich zu verdrücken.

Mein größtes Glück jedoch ist es, wieder nach Hause zurückzukehren. In ein abgelegenes Tal.

Hier erhole ich mich von den Tourneen, den Städten, Empfängen und Präsidenten. Hierher ziehe ich mich zurück, arbeite und übe. Hier lebe ich mit meiner Familie.

Natürlich gibt es Städte, die einen anöden. Provinzstädte, die ganz reizvoll wären, aber wo es nach dem Auftritt nichts mehr zu essen gibt – ein Kriterium, das manchem etwas lächerlich vorkommen mag. Aber mich deprimiert es, wenn ich nach einer Vorstellung nichts zu essen bekomme. Wir Künstler sind nämlich in diesen Dingen sehr empfindlich. Wir brauchen ein wenig menschliche Wärme und auch ein anständiges Essen. Schließlich leben wir von unseren Familien getrennt, und ein gedeckter Tisch macht doch manches wieder gut. Wenn weit und breit kein Restaurant mehr geöffnet ist, wenn man sich im Hotel weigert, einen kleinen Imbiß zu servieren, dann überkommt dich die große Frustration, und du hast herzlich wenig Lust, dich je wieder an diesem Ort sehen zu lassen.

Unter allen Städten, die ich gesehen habe, gibt es eine, die mich vollkommen in ihren Bann gezogen hat: New York. Man hatte mich gewarnt: New York ist eine hektische Stadt, das ist Amerika von seiner aggressivsten Seite. New York ist unmenschlich! Die Wirklichkeit war dann ganz anders. Ich erlebte New York als reiche, wunderbare Stadt, wo sich laufend Unglaubliches ereignet; ich bewundere diese Stadt und möchte gerne einige Zeit dort wohnen, nicht mein ganzes Leben natürlich, aber doch ein halbes Jahr... Auch in Zürich, das vielen als strenge, puritanische, abweisende Stadt gilt, fühle ich mich wohl, hier wurde ich immer herzlich empfangen. Auch Zürich ist eine Stadt, in der ein Künstler arbeiten kann und die auf mich inspirierend wirkt.

Meiner Ansicht nach gibt es künstlerisch fruchtbare und unfruchtbare Städte. Tel Aviv fällt in dieselbe Kategorie wie New York und Zürich. Es ist eine Stadt mit einem erstaunlichen Publikum, gewissermaßen die Welt in Miniaturformat. Sie hat zwar, wie jeder weiß, mit großen Problemen zu ringen, aber dies gehört zu ihrem Wesen und hält die Menschen lebhaft und regsam, freundlich und offen. Ich sage dies nicht, weil ich anderen Städten die Probleme Tel Avivs wünsche. Ich möchte ganz einfach darauf hinweisen, daß manche Städte nur deshalb ruhig und friedlich sind, weil jede Spannung und damit jede Kreativität in ihnen erloschen ist.

In Amerika schießen die Clowns wie Pilze aus dem Boden. Ich habe sehr viele von ihnen getroffen, vor allem auf offener Straße, wo sie regelmäßig auftreten. Jedesmal stelle ich ihnen dieselbe Frage: Was kannst du? Ich höre zu, ich habe Lust, sie kennenzulernen, aber diese Clowns sind oft unglaublich dilettantisch. Dies ist eigentlich sehr überraschend in einem Land, wo der Professionalismus in Sachen Unterhaltung Triumphe feiert. (Die USA sind vielleicht das einzige Land, in welchem die meisten Schauspieler nicht nur spielen und sich auf der Bühne bewegen oder einen Text vortragen, sondern auch singen und tanzen können.)

Die Clowns aber, jedenfalls die, welche auf der Straße auftreten, bilden eine Ausnahme. Sprechen wir also von den anderen, die man eigentlich während einer Tournee nur selten zu Gesicht bekommt. Einmal, weil sie nicht allzu zahlreich sind, und dann, weil man sie viel eher in einem Zirkus trifft... Natürlich kennen wir uns alle, wir grüßen uns, wir besuchen gegenseitig unsere Vorstellungen, wenn es sich machen läßt. Solche Begegnungen sind immer wunderbar, denn zum Neid ist der Clown nicht begabt. Der Clown ist offenherzig, unnachahmlich auch insofern, als er eine starke Persönlichkeit besitzt und über eine sehr eigene Ausdrucksweise verfügt.

Wir bilden eine Familie, deren Mitglieder sich durch Freundlichkeit und Toleranz auszeichnen. In den Augen vieler Clowns bin ich eine Art Phänomen, weil ich allein auf der Bühne, in einem Theater auftrete. Dies kommt doch recht selten vor; im allgemeinen arbeiten Clowns im Zirkus, wo sie einen oder mehrere Auftritte haben. Grock war da eine Ausnahme, das stimmt; er war im Zirkus und auf der Bühne gleichermaßen zuhause, vor allem aber im Variété, wo er mit einem einstündigen Auftritt jeweils den zweiten Teil des Abends zu bestreiten pflegte. Aber dennoch können sich manche meiner Berufskollegen nur schwer vorstellen, daß ich ganz allein auf einer Bühne auftrete. Ich erzähle ihnen jeweils, daß ich meine Nummern etwas in die Länge ziehe und mich recht und schlecht durchwurstele; dann lachen wir zusammen herzlich, und bisweilen besuchen sie meine Vorstellungen und haben ihren Spaß daran.

Manchmal nehmen unsere Begegnungen einen ganz anderen Verlauf. Ich erinnere mich etwa an den großen russischen Clown Popow, mit dem ich zu Beginn meiner Laufbahn einmal ein paar Worte gewechselt hatte. Zehn Jahre waren seit jenem Tage vergangen, zehn Jahre Arbeit, einige davon bei Marceau. Marceau sagte mir einmal: «Wenn du Popow triffst, grüß ihn von mir, er ist mein Freund.» Ich vergaß diesen Wunsch nicht, und eines Tages bot sich mir die Gelegenheit, ihn zu erfüllen. Ich sehe Popow vor mir stehen, als wäre es gestern gewesen, und ich sehe mich, wie ich in mehreren Sprachen versuche, ihm zu erklären, daß Marceau ihn grüßen lasse und daß mir seine Vorstellung sehr gefallen habe. Als Popow den Namen Marceau ver-

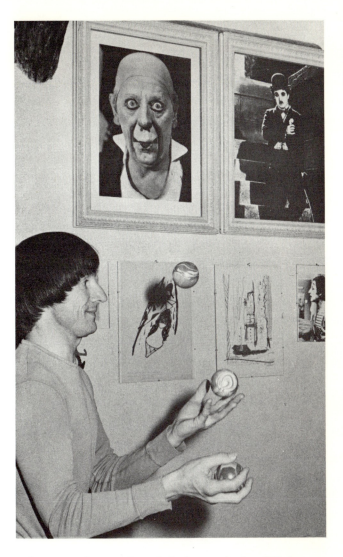

nahm, wurde er wütend, kehrte mir den Rücken zu und ging an seinen Platz zurück. Ich fragte mich, was ich falsch gemacht hatte und glaubte, ihn unabsichtlich beleidigt zu haben. Es fällt mir schwer, in Worte zu fassen, was in jenem Augenblick in meinem Kopf vorging. Man stelle sich vor: Da ist ein großer Clown, den ich zehn Jahre früher einmal getroffen habe, der sich sicher nicht mehr an mich erinnert (was ja auch keine Rolle spielt), und nun treffe ich ihn zu meiner Freude wieder – mit dem Ergebnis, daß er mir schimpfend den Rücken zukehrt.

Mein Assistent meinte, man dürfe dieses Mißverständnis nicht auf sich beruhen lassen und müsse die Angelegenheit unbedingt bereinigen. Wir suchten einen Dolmetscher und versuchten unser Glück zum zweiten Mal. Wir standen also wieder vor Popow. Dieser war ziemlich erstaunt. Der Dolmetscher erklärte ihm die Sache, und plötzlich stand Popow auf. Er rief: «Marceau, Marceau», kam auf mich zu und umarmte mich. Ich war zutiefst gerührt, während der Dolmetscher mir zu erklären versuchte, daß Popow zuerst verstanden hatte, ich würde ihn mit Marceau vergleichen. Popow war aber gegen

solche Redensarten allergisch; schließlich war er Popow, und Marceau war Marceau. Auch wenn Marceau sein Freund war.

Wir haben keine Geheimnisse voreinander – nur Geheimnisse vor dem Publikum, die wir eifersüchtig hüten. Kommen wir noch einmal auf Charlie Rivel zurück. Er ist mein Freund. Ein ganz hervorragender Clown. Auch er hat keine Geheimnisse, er spielt mit offenen Karten. Er hat es nicht nötig, sich zu verstecken oder irgendetwas zu verheimlichen. Bei ihm sind Kunst und Persönlichkeit eins. Das ist sein Charakter, seine Komik. Komik, das bedeutet Kontakt mit den Leuten, auf der Bühne wie im Leben. Deshalb glaube ich nicht, daß Clowns neidisch sein können. Ich weiß wohl, daß man allerlei obskure Geschichten über uns erzählt, vor allem hinsichtlich der verschiedenen Masken. Diesen Legenden zufolge sollen einige Clowns in London ihre Geheimnisse in einem sorgfältig verschlossenen Büro aufbewahren, einem Büro, das voll von... Eiern ist, auf denen die Masken aufgemalt sind. Numerierte, in Verwahrung gegebene, gesetzlich geschützte Masken. Das ist alles lächerlicher Blödsinn. Keiner der großen Clowns, die ich kenne, würde sich zu so etwas herablassen. Es mag ja sein, daß die Amateure dies tun. Weil sie Angst haben, man könnte ihnen etwas stehlen...

Wir alle hatten unsere Lehrer: Clowns, große Komiker, aber auch Maler, Cineasten, Schauspieler, Musiker. Die Musik spielt eine sehr wesentliche Rolle. In meinem Fall vielleicht, weil ich selbst komponiere und der Begegnung mit Komponisten und Interpreten viel verdanke. Ich denke da besonders an Yehudi Menuhin. Seine Art, Musik zu interpretieren, die Geige zu halten, zu leben – und dies nach sechzig Jahren, die der Musik geweiht waren – verrät absolute Meisterschaft und Reife. Er ist für mich ein Lehrer, ein Vorbild im wahrsten Sinne des Wortes.

Neben Männern wie Menuhin stehen die Kinder. Für mich als Clown ist das Kind zweifellos der wundervollste Lehrer. Es ist zerbrechlich, unschuldig, rein und spontan. Ich beobachte, wie es sich bei einem Sturz verhält. Auch wenn es gefährlich aussieht, bleibt der Schaden doch meist gering, denn das Kind ist gewandter als wir, weil es geschmeidiger ist. Findiger.

Schließlich muß ich bei der Aufzählung unserer Lehrer und Vorbilder die großen Komiker nennen, Charlie Chaplin natürlich und Buster Keaton, großartige Künstler, die aus eigener Kraft zu Weltruhm gelangt sind. Sie haben manches fertiggebracht, das man nie wieder erreichen wird. Es stört mich nicht, dies zu wissen. Ganz im Gegenteil, es spornt mich an, von ihnen zu lernen.

Chaplin, Buster Keaton, Popow, Grock und die Marionettenspieler – sie muß ich in erster Linie nennen, wenn ich von meinen Lehrern spreche. Was Grock betrifft, so hatte ich das Glück, ihn in seinem eigenen Zirkus auftreten zu sehen, als ich siebzehn war. Ich werde diesen Tag nie vergessen. Seither habe ich den Film mehrmals wieder angeschaut, ich kenne sein Buch in- und auswendig und habe seinen Lebensweg gründlich studiert. Grock war ohne Zweifel mein größter Lehrer, denn er steht meiner Arbeit und meinem Leben am nächsten. Er war ein Clown.

Vor einigen Jahren lernte ich in New York Philippe Petit kennen. Er ist ein Phänomen. Er ist der Gaukler, der auf einem Seil zwischen den Türmen von Notre Dame in Paris spaziert ist und der, ebenfalls auf einem Seil, zwischen den beiden höchsten Wolkenkratzern von New York lustwandelte. Er hat mir erzählt, wie er es fertigbrachte, seine Angst zu überwinden, wie er während fünf Tagen alle Qualen des Lampenfiebers durchlitt und keinen Bissen herunterbrachte.

Dank dieser Glanzleistung wurde er mit einem Schlag berühmt. Er blieb in New York, wo er sich wohler fühlte als in Europa, obgleich er der Herkunft nach Franzose ist. New York ist für ihn, wie auch für mich, ein wenig zur zweiten Heimat geworden, und er schöpft aus ihr immer neue Inspiration.

Was mich aber an Philippe Petit am meisten begeistert, ist seine Art, auf der Straße Theater zu spielen. Ich lachte Tränen, als ich ihn zum ersten Mal sah. Es wirkte auf mich wie eine Offenbarung, und ich empfand den unwiderstehlichen Drang, es ihm gleichzutun.

Damit man mich besser begreift, will ich Philippe Petit ein wenig beschreiben: Er ist ein vorzüglicher Jongleur, ein Seiltänzer von Rang; von eher kleiner Statur, behende, mit einem runden Kopf, blondem Haar und blauen Augen. Wenn er auf der Straße spielt, trägt er ein schwarzes Kostüm.

Auf seinem Einrad dreht er einige Runden, bis die Leute auf ihn aufmerksam werden, gefesselt von seinen Gesten und seiner Mimik. Dann stellt er sein Rad und seine Tasche, die er stets bei sich trägt, vor sich hin; er nimmt ein Stück Kreide aus der Tasche und zeichnet damit einen Kreis, in welchem er dann zu jonglieren beginnt. Die Leute kommen langsam näher und er bedeutet ihnen, ohne das Jonglieren zu unterbrechen, sie sollten nicht in den Kreis treten. Jedermann gehorcht ihm, ob Schwarz oder Weiß, Mann, Frau oder Kind, Arbeiter oder Geschäftsmann. Philippe Petit spielt mit dem Publikum. Er reißt Possen; plötzlich aber ergreift er ein Seil und hält nach einer Straßenlaterne Ausschau.

Eine solche findet er immer, und wie ein Mime «prüft» er, ob sie auch solide ist. Eigentlich ist Philippe Petit gar kein Mime. Er kann mit Mimik nicht viel anfangen; sein Fach ist Theater ohne Worte. Und seine Gestik ist für uns Clowns etwas sehr Eindrückliches.

Nun bedeutet er den Leuten: «Achtung, treten Sie zur Seite, die Laterne fällt vielleicht um.» Die Zuschauer bilden eine Art Gasse, während er sein Seil an der Laterne befestigt und einen Ort sucht, wo er das andere Ende festmachen kann.

Er weist auf zwei oder drei Leute aus dem Publikum, zeigt ihnen, wie sie das Seil halten müssen, und jedermann lacht. Wenn alles bereit ist, steigt er auf das Seil, wo er mit Fackeln jongliert. Nach Beendigung der Vorstellung hebt er einige Münzen auf, welche die Zuschauer hingeworfen haben, zwinkert ihnen fröhlich zu und genehmigt sich in der nächsten Kneipe ein Gläschen.

Philippe Petit tritt zu seinem Vergnügen auf. Das Geld gehört übrigens mit zum Spiel; er gibt es stets zusammen mit seinen Freunden aus. Ich finde es herrlich, wenn man seinen Beruf zum Spaß ausübt. So sollte es im Idealfall immer sein. Und wenn man erst noch eine Kleinigkeit dabei verdient – bitte sehr, um so besser! Philippe Petit tut es.

Ich selbst habe es nie gewagt, auf der Straße aufzutreten. Ich bin immer bis zu einem gewissen Grad von der Umgebung abhängig, von meiner Welt, der Bühne oder der Manege. Trotzdem ist es mir einige Male passiert... Wenn wir kurz vor dem Auftritt stehen, aber die Manege noch nicht betreten haben, dann warten hinter uns viele Leute gespannt auf unser Erscheinen. In solchen Augenblicken verspüre ich Lust, aus dem Stegreif zu spielen, und manchmal gebe ich dann eine kleine Privatvorstellung. Ich darf sagen, daß es mir recht gut gelingt, denn ich bin im Improvisieren nicht schlecht. Ich improvisie-

re übrigens oft mit dem Publikum im Theater. Aber um auf offener Straße aufzutreten wie Philippe Petit fehlte mir stets der Mut.

Vielleicht werde ich eines Tages mit einem Wohnwagen auf Reisen gehen, ich weiß es noch nicht genau, auch wenn ich fühle, daß dies einer meiner großen Wünsche ist. Es wäre eine Chance, die ganzen Begleiterscheinungen des Komödiantentums über Bord zu werfen, die Presse, Programme, Plakate, Fotos, Briefe, Telefonanrufe, Empfänge – und was ich sonst noch alles auf mich nehmen muß.

Nun denn... man hält mich für einen großen Star, obgleich ich gar nicht danach aussehe, obwohl ich es nicht bin und einen wahren Horror davor empfinde, als solcher zu gelten. Aber das ist eben unser Beruf: Ist man berühmt, muß man gewisse Kompromisse eingehen, man hat ein Theater und eine Schule... Manchmal wird die Belastung wirklich unerträglich. Dann denke ich an Philippe Petit; ich sage mir, daß ich gerne wieder frei wäre wie ein Vogel, wie ein Clown, ein fahrender Gaukler, ein freier Komödiant. Ich sehne mich dann nach der Freiheit des Zigeuners, der tut, was er will, wann und wo er es will. Dies ist eine unauslöschliche Sehnsucht, denn wir Clowns versuchen rein, menschlich und ohne faule Kompromisse zu leben, und wenn ich an all jene Dinge denke, die ich eben erwähnt habe, und an jene anderen, die ich gar nicht erst zu erzählen wage und die mir ein wahrer Greuel sind – die ich aber trotzdem tue, weil mein Beruf es von mir verlangt – wenn ich daran denke, sage ich mir, daß wir alle unsere Sorgen haben, daß es zu unserer Bestimmung gehört, gegen die Schattenseiten des Lebens anzukämpfen und manche davon als unvermeidlich zu akzeptieren – und trotz allem einfach und bescheiden zu bleiben. Ich denke an Yehudi

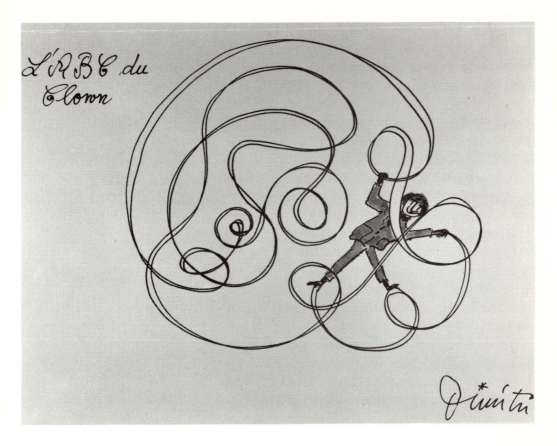

Menuhin und andere Künstler, denen es gelungen ist, diesen Kampf zeitlebens zu bestehen. Die es fertiggebracht haben, nie jemand anderes als sie selbst zu sein.

Bis zum Ende ihres Lebens.

Der Clown Maïsse sagte mir immer, wenn wir zusammen bei einem Gläschen saßen: *Man darf sich nie niederschlagen lassen.* Zu jener Zeit war ich zwanzig; ich stand erst am Anfang meines Berufs und fand diesen kleinen Satz sehr merkwürdig. Doch je älter ich werde, desto besser verstehe ich die Philosophie, die Maïsse in diesem kurzen Satz zum Ausdruck brachte. Man denke sich einen alten Clown, der zeit seines Lebens nie etwas anderes war als Clown; er hat, wie jeder Mensch, ein Herz und eine Seele, und gerade weil er ein Clown ist, leidet er an vielem, denn er ist sehr einfühlsam und leicht zu entmutigen. Maïsses Satz geht mir nicht aus dem Kopf, und manchmal überrasche ich mich selbst dabei, wie ich sage: *Dimitri, man darf sich nie niederschlagen lassen.* Denn unsere Welt ist eine schwierige Welt, eine ungerechte Welt, und ich, der ich Clown sein muß und will, befinde mich mitten in ihr. Um meinen Beruf ausüben zu können, muß ich mir einen Schutz zulegen; ich brauche ein großes Ausmaß an Fröhlichkeit, um den Kampf mit dieser Welt aufnehmen zu können. Trotz allem, was tagtäglich an Traurigem geschieht, trotz der furchtbaren, grausamen Nachrichten, die Radio und Fernsehen unaufhörlich verbreiten, finde ich in mir selbst die Kraft, mir eine kleine Insel zu retten, ein Stückchen Paradies, dank dem ich weiterhin Clown sein kann. Denn ohne dies könnte ich nicht leben; ich würde mich fühlen wie ein Fisch, dem man den Kopf aus dem Wasser hält.

Ich bin böse auf all jene, die unsere Welt zerstören. Aber gleichzeitig ist es mir nicht möglich, irgendjemanden im besonderen anzuklagen, denn schlußendlich sind wir alle mitverantwortlich, mitschuldig an dem, was sich auf der Welt ereignet – wenn auch einige sicher ein größeres Maß an Schuld tragen als die anderen.

Ich besitze keine Zauberformel, um den Massakern ein Ende zu bereiten, die sich ständig irgendwo auf der Welt ereignen, nur meine kleine Philosophie, die besagt, daß die Menschen gut, ehrlich und tolerant werden müssen, daß sie es auf sich nehmen sollten, die Dinge zu ändern, daß sie lernen müßten, bescheiden zu leben.

In «La strada», dem bekannten Film von Fellini, erklärt der Clown Gelsomina die Theorie von dem kleinen Stein, der, wie alles, seinen Platz in der Welt

hat. Zunächst ist Gelsomina sehr traurig, denn sie begreift nicht, was er meint, und hält sich für überflüssig. Plötzlich aber versteht sie, daß auch sie in der Welt ihre Aufgabe zu erfüllen hat. Das vom Clown verwendete Gleichnis ist in meinen Augen sehr eindrücklich. Wir Künstler müssen uns, davon bin ich überzeugt, bewußt sein, daß wir nicht mehr sind als andere, auch wenn man uns feiert, auch wenn unsere Namen in den Zeitungen stehen. Ich tue meine Arbeit wie jeder Handwerker, und im Grunde genommen besteht kein Unterschied zwischen einem Clown und einem Straßenfeger oder einer Krankenschwester.

Wir sind, ob wir es nun wollen oder nicht, kleine Steinchen. Manchmal auch ein kleinerer Felsblock oder ein Stern am Himmel. Wichtig ist, daß das Steinchen seine Aufgabe erfüllt.

Die Frau ist Erzeugerin. Sie ist Mutter, sie ist Schöpferin – sie ist auch Symbol. Aber wenn sie zu allen Zeiten den Mann in ihren Bann gezogen hat – die Griechen sahen sie als Muse – dann deshalb, weil in diesem Symbol das Phänomen Eros liegt, die Anziehungskraft des anderen Geschlechts, die Anziehungskraft zur Welt hin, zur Schönheit hin.

Für mich gibt es trotzdem keine direkte Verbindung meiner Kunst mit der Frau – oder dem Weiblichen. Die Kunst des Clowns ist definitionsgemäß unabhängig vom Geschlecht. Wer käme schon auf den Gedanken, beim Anblick eines Clowns zu rufen: «Ah, das ist ein Mann!» oder «Ah, das ist eine Frau!» Der Clown steht irgendwo zwischen den

Geschlechtern. Er ist ein menschliches Wesen, das uns anrührt, ein Wesen von einem anderen Stern wie der kleine Prinz Saint-Exupérys. Man spricht nicht lange darüber, ob er Mann oder Frau ist, man spricht von seinem Herzen und seiner Seele. Und hier liegt der Grund dafür, daß der Clown seine Inspiration aus allen Dingen des Lebens schöpft.

Ein Clown sagte einmal zu mir: «Dimitri, du bist wie ich, du ißt gerne Desserts. Kannst du mir das erklären?» Ich verneinte, und er meinte, die Erklärung sei sehr einfach. Wir seien, so sagte er, wie Kinder, die für Süßigkeiten schwärmten, für Früchte und Sahne. Ebenso verhält es sich mit... der Frau, denn wir Clowns fühlen uns von Schönheit und Lebensfreude angezogen. Ein Komiker verspürt das Verlangen nach Heiterkeit, er möchte gerne lustig sein und das Dasein genießen wie ein

Schmetterling, der von Blüte zu Blüte fliegt. Gewiß, nicht jede Blüte ist eine Frau; manchmal ist es der Beruf, manchmal eine Idee, das Leben oder das Publikum. Aber es versteht sich von selbst, daß die Frau (für mich ist sie Freundin, Muse und Mutter zugleich) uns in den Zustand ständiger Verliebtheit versetzt und daß wir sie gerne, sehr gerne zum Lachen bringen. Wenn es uns gelingt, so ist dies unsere allerschönste Belohnung. Lacht eine Frau, so lacht die ganze Erde. Es ist, als brächten wir Gott selbst zum Lachen.

Er ist groß, dick und riesenhaft. Er wirkt wie ein Wesen aus grauer Urzeit. Sein Name ist Elefant. Ich kenne ihn gut.

Er beschäftigt mich seit meiner frühesten Kindheit. Ich habe ihn gezeichnet, geschnitzt... und diese Beweisstücke meiner Besessenheit gesammelt. Bei mir gibt es Hunderte von Elefanten; sie stammen buchstäblich aus allen Teilen der Erde. Der Elefant ist für mich im Grunde ein Partner, er ist, ich wiederhole es, meine Besessenheit. Ein Beweis für meinen Größenwahn vielleicht – auch ich möchte gerne groß, berühmt, stark sein.

Ohne Zweifel ist meine Vorliebe für dieses Tier auch darauf zurückzuführen, daß ich unbewußt einmalig sein möchte – wie der Elefant. Dazu kommt, daß dieses riesenhafte Wesen von großer Gutmütigkeit ist. Es besitzt ein hervorragendes Gedächtnis und eine außergewöhnliche Empfindsamkeit: Wenn man die Härchen an den Beinen eines Elefanten streichelt, so fühlt er es. Man kann ihn nicht betrügen.

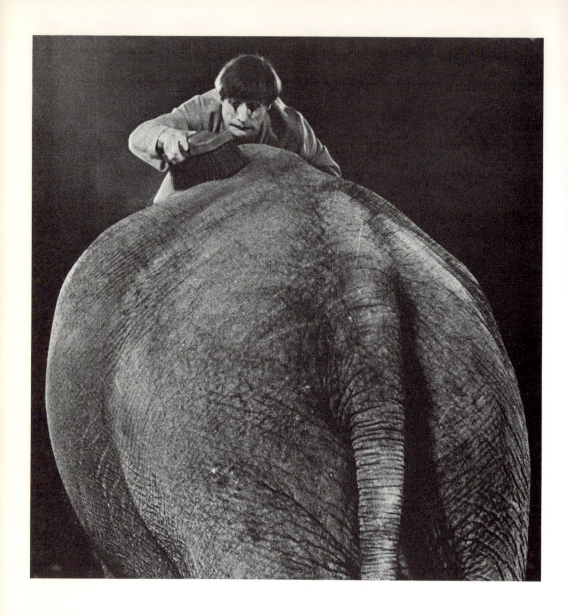

Im Zirkus habe ich mit Sandri gearbeitet. Das war 1970, bei Knie. Zum ersten Mal traten ein Clown und ein Dickhäuter zusammen auf. Sandri ist eine Elefantendame. Ich mußte die Nummer ein volles Jahr lang mit ihr einüben, wir mußten uns fühlen, miteinander sprechen, uns aneinander gewöhnen.

Später habe ich Sandri einige Male wiedergesehen. Sie hat mich stets sofort erkannt. Dies hat mich sehr gerührt, um so mehr, als ich früher keinen Kontakt mit Tieren hatte, von Katzen abgesehen.

Die Grundidee der Nummer mit Sandri lag darin, den Größenunterschied zur Geltung zu bringen. Es ist dies ein uralter, stets erfolgreicher Trick. Denken wir nur an Charlie Chaplin, der sich in seinen Filmen oft mit wahren Kleiderschränken, schnauzbärtigen Polizisten etwa, herumschlagen muß. Wie winzig, hilflos und verloren wirkt doch Charlie neben diesen baumstarken Kerlen!

Derselbe Gegensatz zwischen Kraft und Schwäche lag der Nummer mit Sandri und mir zugrunde. Ich erfand eine verrückte Geschichte: Die Direktoren des Zirkus suchten verzweifelt nach jemandem, der Sandri waschen und bürsten sollte – kurz, ihre Toilette besorgte. Sie trugen mir diese Arbeit auf. Und alles begann mit einem Mißverständnis. Ich betrat die Manege und zog an einer Schnur einen kleinen Spielzeugelefanten hinter mir her. Ich begann ihn eifrig abzustauben, als einige Augenblicke später Sandri erschien. Meine erste Reaktion drückte natürlich Angst und Schrecken aus, aber schließlich begriff ich, daß ich Sandri waschen mußte. Zu diesem Zweck brachte man mir Leiter, Wassereimer und Bürste herbei. Noch bevor ich mich an die Arbeit machen konnte, spielte sich ein großer Kampf ab: Ich mußte auf Sandris Rücken steigen, und als ich glücklich oben war, bemerkte ich, daß ich die Bürste vergessen hatte... Kaum war es mir gelungen, sie zu holen, stellte ich fest, daß der Eimer fehlte. Endlich, als ich alles beisammen hatte, entriß mir Sandri mit dem Rüssel die Leiter, und ich konnte nicht mehr herunter.

Ich plante, Sandris Rüssel an einem ihrer Beine anzubinden, damit sie mir die Leiter nicht mehr wegnehmen konnte. Deshalb machte ich einen gleitenden Knoten, doch während der Proben bereitete es mir große Schwierigkeiten, ihn wieder rechtzeitig aufzulösen. Sandri bemerkte dies, und eines Tages begann sie von selbst, das Bein zu heben. So gelang es mir, das Seil ohne Schwierigkeiten zu lösen. Sandri blickte aufmerksam auf mich herab.

Nachdem ich Sandris Rücken trotz allem fertiggebürstet hatte, mußte ich mich um ihre Zähne kümmern. Das bereitete mir viel Kopfzerbrechen: Ich füllte Wasser in einen Eimer, und als ich Sandri den Rücken zudrehte, nützte sie die Gelegenheit, mich mit ihrem Rüssel anzuspritzen, zum Gaudi des Publikums... Blieb noch der Bauch. Ich kroch, so gut es ging, unter die riesige Masse, die sich nach und nach auf mich legte, so daß von mir schließlich nur noch Arme und Beine zu sehen waren. Dies sah lebensgefährlich aus, war es aber in Wirklichkeit nicht, denn die Vorderknie eines Elefanten hindern ihn in dieser Position daran, sich ganz auf dem Boden auszustrecken.

Schließlich ging die Nummer zu Ende. Sandri hatte meinen Sauberkeitsfanatismus allmählich satt. Sie hob mich wie ein kleines Kind mit ihrem Rüssel in die Höhe, drehte mich hin und her und verließ die Manege.

Wenn die Zeit kommt, wo die Welt keine Clowns mehr braucht, wenn wir verschwunden sind, wenn diese Zeit kommt, an die ich nur mit Beklemmung denken kann, dann wird es traurig werden auf unserer Welt, furchtbar traurig. Eine von sprödem Rationalismus und Profitdenken geprägte, unfrucht-

bare, kalte und berechnende Zeit wird dann anbrechen – ich bin versucht zu sagen, eine teuflische Zeit. Jedenfalls keine menschliche.

Tatsache ist, daß es zu allen Zeiten ein Theater gegeben hat. Weil eine konfliktfreie Gesellschaft nicht denkbar ist, weil die Menschen sich Fragen stellen und das Theater seit jeher als Zufluchtstätte erschienen ist, weil es eine Antwort auf die Probleme der Menschen gibt oder ihnen zumindest Erleichterung verschafft. Das Theater erzählt, es erklärt: Manchmal zeigt es sogar Zusammenhänge auf, es verhilft zu neuen Ideen.

Die Commedia dell'arte bietet ein ausgezeichnetes Beispiel dafür. Sie entstand als Reaktion, sie war ein Gegentheater. Tatsächlich gab es zu jener Zeit das klassische Theater für die Oberschicht, die Gebildeten, die Reichen. Und dann kam dieses Volkstheater auf, dieses Theater für jedermann, für das Volk von Bergamo oder Venedig. Die Schauspieler bedienten sich der Sprache des einfachen Volkes und sagten Dinge, die zu hören man nicht gewohnt war. Sie prangerten die Mächtigen und die Großen an, sie enthüllten menschliche Schwächen. Nach und nach wurde dieses Theater gesellschaftsfähig; es wurde auch von der Oberschicht besucht und geschätzt.

Der Clown steht der Commedia dell'arte nicht allzufern, und deshalb glaube ich, daß es immer Menschen geben wird, die das unwiderstehliche Bedürfnis empfinden, *den Clown zu spielen* und ihr komisches Talent zu entfalten; Leute, für die es eine Leidenschaft ist, ihre Empfindungen auf diese Weise auszudrücken und ihre Mitmenschen zum Lachen zu bringen. Ich bin sicher, daß es immer Clowns geben wird, überall auf der Welt... Nehmen wir noch ein anderes Beispiel: Plötzlich erhebt sich ein Bursche in einem Café und beginnt eine Geschichte zu erzählen. Die Gäste hören ihm zu und lachen – nun

denn, dieser Geschichtenerzähler ist, im großen oder im kleinen, ein Clown. Es wird immer welche geben, denn der Mensch braucht sie wie Luft und Sonne. Clowns werden stets so unentbehrlich sein wie Theater, Schauspiel, Geschichtenerzähler, Komiker und Narren... Und es wird immer Menschen geben, die bereit sind zuzuhören, zu lachen, sich bezaubern und rühren zu lassen... Sonst wäre das Leben kein Leben mehr.

Und sollte es dies alles eines Tages trotzdem nicht mehr geben, dann werden die Leute wohl ins Museum gehen und dort kleine Clowns aus Wachs entdecken, Puppen. Man wird ihnen einen Film vorführen, in dem eine Zuschauermenge «Ha ha ha» macht. Und sie werden sich die Hirne darüber zermartern, wie die Menschen in alter Zeit so einfältig sein konnten, zu lachen; wie es möglich war, daß sich ihr Zwerchfell bewegte und daraus ein bizarres Geräusch wie «Ha ha ha» oder so ähnlich entstand. Dann wird man beginnen, die Clowns zu studieren. Man wird ihre Bewegungen und ihre Kostüme untersuchen und streng wissenschaftliche Thesen aufstellen, um herauszufinden, wie die Menschheit in grauer Vorzeit die Fähigkeit entwickelte, «Ha ha ha» zu machen und wozu sie Wesen brauchte, die man Clowns nannte. Wesen, welche bei den anderen diese seltsame Vibration des Zwerchfells hervorriefen, die sie «Ha ha ha» machen ließ.

Und an jenem Tage wird die Welt düster aussehen!

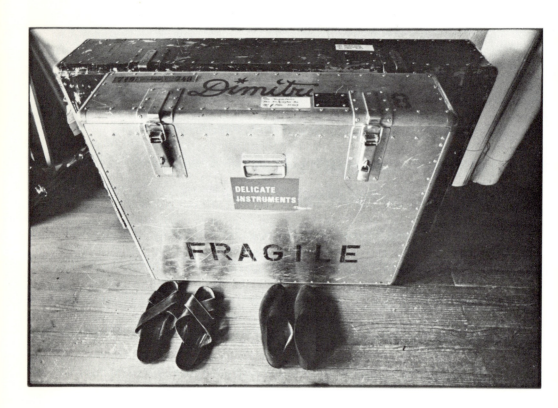

Biographie

DIMITRI wurde 1935 in Ascona geboren. Kindheit und Schule in Ascona. Ausbildung als Töpfer in Bern, daneben komische Rollen an Studentenbühnen. Musikunterricht am Konservatorium, Ballett- und Akrobatikunterricht. Vervollständigung der artistischen Ausbildung in Paris. Mitarbeit in der Truppe von Marcel Marceau, mit dem Clown Maïsse im Zirkus. 1959 erste Aufführung des eigenen Programms in Ascona. Gastspiele in Zürich, Berlin, München, Wien, Amsterdam, Brüssel, Paris, Prag, Mailand, Rom, Tel Aviv, Madrid, New York, San Francisco, Montreal usw. Lebt mit seiner Familie im Tessin. Nimmt an den internationalen Mimenfestivals in Berlin, Zürich, Prag und La Crosse (USA) teil. 1970 erste Tournee mit dem Circus Knie. 1971 Eröffnung seines Theaters in Verscio. 1973 zweite Tournee mit dem Circus Knie. Erhält den «Grock-Preis». 1975 Gründung der Theater-Schule in Verscio. Erhält die Auszeichnung «Maschera d'argento» und 1976 den «Hans-Reinhart-Ring». 1978 Berliner Festwochen. 1979 Circus Knie. 1980 Tournee Schweiz, dann USA. 1981 Tournee in Frankreich und Gastspiele in Paris.
Die Familie Dimitri hat fünf Kinder: Nina, Mascha, David, Ivan und Mathias. David und Mascha sind zur Zeit an der Zirkus-Schule in Budapest.

Früher sind erschienen:

Clown Dimitri Ich, Benteli 1970
Dimitri Album, Benteli 1973, Neuauflage 1979

Dimitri hat zusammen mit Roberto drei Langspielplatten mit Tessiner Liedern aufgenommen. Die ersten beiden Platten erschienen 1973 und 1975 bei Claves, Thun, die dritte 1979 bei EMI.

Dimitris Theaterschule in Verscio

Nachdem Dimitri 1971 in Verscio ein Theater eröffnet hat, wird am 22. September 1975 ein seit langem gehegter Plan für ihn Wirklichkeit. Im Alter von vierzig Jahren gründet er in Verscio zusammen mit seiner Frau Gunda eine Theaterschule, die in der Schweiz und zweifellos auch in Europa einzig dasteht. So geht einer seiner kühnsten Wunschträume in Erfüllung. Dimitris Theaterschule kommt einem immer wieder geäußerten Bedürfnis entgegen, wovon die damals angeführte Begründung für ihre Eröffnung Zeugnis ablegt:

Angesichts der starken Nachfrage und auf den Wunsch zahlreicher junger Menschen hin, die verschiedenen Disziplinen des Theaters (mit Betonung des körperlichen Ausdrucks) zu erlernen, hat Dimitri diese Schule ins Leben gerufen. Es geht ihm nicht darum, sich als Pädagoge hervorzutun, sondern vielmehr darum, eine gewisse Garantie hinsichtlich der Qualität des Lehrkörpers und des Grundkonzepts der Schule zu bieten. Die Scuola Teatro Dimitri beruht auf dem Prinzip der Bewegung: Pantomime, Akrobatik, Tanz und Improvisation sind diejenigen Gebiete, auf die das Hauptgewicht gelegt wird, und auch das Jonglieren wird unterrichtet. Nur erfahrene Lehrkräfte werden angestellt. Die Ausbildung dauert drei Jahre. Während des ersten Jahres wird die Technik jeder dieser Disziplinen erarbeitet und die Grundlage für eine mehr theatralische Arbeit im zweiten Jahr geschaffen. Im dritten Jahr schließlich kommt die Möglichkeit dazu, die gewonnenen Kenntnisse in die Praxis umzusetzen. Verschiedene Kurse, die sich mit anderen Gebieten der Schauspielkunst befassen, tragen zu einer möglichst breitgefächerten Ausbildung bei. Nach der Eintrittsprüfung folgt eine Periode von drei Monaten, nach welcher Lehrer und Schüler die Entscheidung darüber treffen, ob das Studium fortgesetzt werden soll oder nicht. Die Teilnahme an allen Kursen ist obligatorisch. Gute Italienischkenntnisse sind unerläßlich. Die während des ersten Jahres geleistete Arbeit gibt den Ausschlag dafür, ob die Schule weiter besucht werden kann.

Die Altersgrenze beträgt mindestens 17 und höchstens 27 Jahre. Die Kurse beginnen Mitte September und enden Mitte Juni. Sie werden von Szilard Szekely (Akrobatik), Richard Weber (Mimik und Bewegungsschulung), Denis Carey (Tanz) sowie Jean-Martin Moncero (Improvisation) erteilt. Die Leitung der Schule hat Gunda Dimitri. Sie leitet auch die Compagnia Teatro Dimitri und das Teatro Dimitri, die das ganze Jahr hindurch Produktionen von internationalem Rang bieten.

Wie Dimitri sich bei der Eröffnung dieser Theaterschule (die 40 Schüler aufnehmen kann) gewünscht hatte, kam es zu Theateraufführungen durch die Compagnia. Das erste Stück war «Il clown è morto, evviva il clown», eine von Dimitri ersonnene und auch auf die Bühne gebrachte Fabel von einem Clown. Die Inszenierung kam auf Wunsch des Direktors der Berliner Festwochen zustande, wo das Stück uraufgeführt wurde, bevor man mit ihm auf Tournee ging. 1979 präsentierte Dimitri «Le pantomime clownesche», also clownhafte Pantomimen, in freier Adaptation von Josef Fuska und Ctibor Turba. Regie führte Ctibor Turba. Ein drittes Stück für die Compagnia ist in Vorbereitung. Idee und Regie von Dimitri. Uraufführung im Sommer 1980 in Verscio, dann Tournee in der Schweiz und im Ausland.

Bildlegenden

- 8 Mein Geburtshaus in Ascona
- 9 Eine Skulptur meines Vaters. Sie steht jetzt am See in Ascona
- 10 Bei meinem Vater im Atelier
- 12 1936, als Zweijähriger
- 14 Stoffplastik meiner Mutter
- 15 Das rosarote Haus meiner Kindheit, mit einer Skulptur meines Vaters
- 20 Mit Clown Andreff
- 23 Das Publikum wird abgestaubt — hier ist Walter Scheel an der Reihe
- 29 «Grappa», Marionette von Jakob Flach
- 30 Das Teatro San Materno
- 35 Beim Üben mit meiner Tochter Nina
- 40 Die geschenkte Marionette
- 52 Eine Szene aus «Il clown è morto, evviva il clown»
- 53 Akrobatikstunde in unserer Theaterschule
- 58 Mit dem Clown Charlie Rivel
- 65 Unser Wohnhaus im Centovalli
- 68 Die Bahnstation mit dem kleinen Postbüro, das täglich eine Viertelstunde geöffnet ist
- 70 Unser Wohnhaus mit einer Skulptur von Fr. Brüderlin
- 76 Mit Philippe Petit in New York
- 82 Mit dem Sprechstallmeister Matthias Buckel, Circus Knie 1979
- 84 Blick in meine Elefantensammlung
- 95 Mit meiner Frau Gunda

Instrumente in meinem Studio (Umschlagklappe)